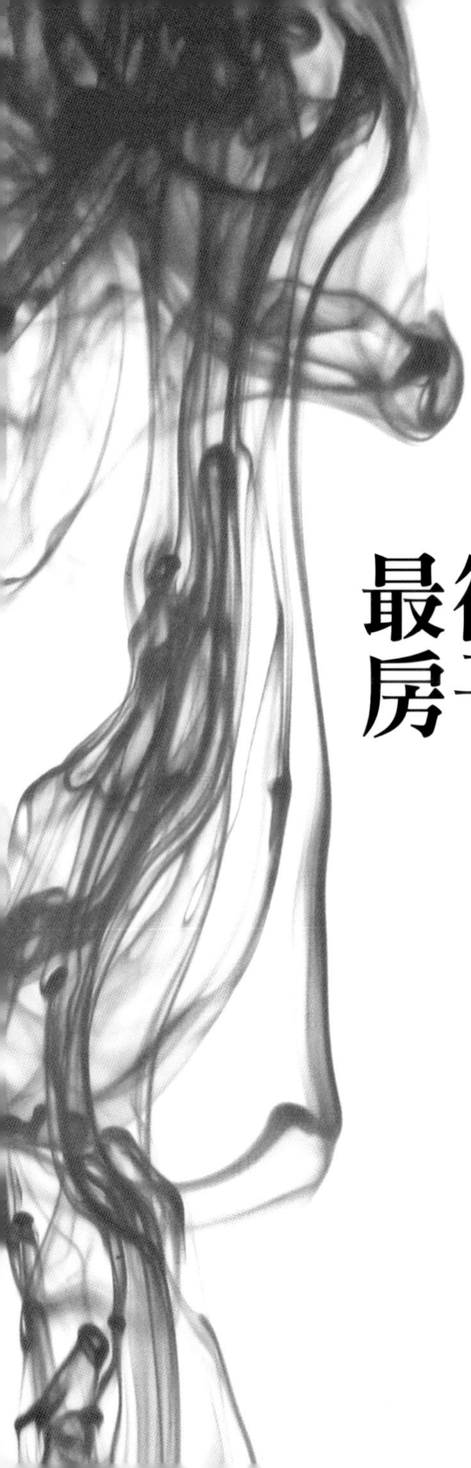

最後的房子／

陳嘉薰

感謝天父、

我的父母、妻子，

讓我相信

死亡

從來不是終結。

最後的房子
作者／陳嘉薰
策劃編輯／呂瑋宗
美術設計／Deep Workshop
出版發行／突破出版社
香港沙田亞公角山路33號突破青年村
電話：2632 0000　傳真：2632 0388
電郵：breakthrough@breakthrough.org.hk
網址：http://www.breakthrough.org.hk
http://www.btproduct.com
承印／標緻製作
2016年6月初版1刷
2018年5月初版3刷

The Last Room
By Gavin Chan
First Printing, First Edition, June 2016
Third Printing, First Edition, May 2018

Printed in Hong Kong
ISBN 978-988-8392-00-1

本書採用環保油墨印刷

社會文化

序一 圓世人「去者善終、留者善別」之夢

二十多年前，當我剛開始學習善別輔導工作時遇到一位女士，她當時傷心的分享仍歷歷在目：

「……我不情願地跨過數具不知名、用黑色膠袋包裝着的身軀。想到自己丈夫也是其中一具，心中有着刺痛的感覺。『您冷嗎？您痛嗎？昨天您還是一個活生生受人尊重的人，今天您的尊嚴隨着您生命的流逝而被貶到最低。對不起，我沒能力去為您平反！』。我還是要抵住工作人員的催促，趕快地從拉鏈縫中，進行與他死後的第一次會面。前一晚總是想着要跟他説的話，但想不到我們的再會是這麼的冰冷、這麼的急促。我的淚，如河堤缺崩的流水。

工作人員指出這就是我丈夫的身軀。『是他，就在文件上簽名！還有許多家屬在等候。』我六神無主地簽了。同一時間，工作人員就無情地拉上拉鏈，再一度分隔丈夫與我。此處，我已沒有留下的權利。當我轉身離開時，聽到了膠袋與地面磨擦的聲音，不其然令我聯想到他的身體像豬肉一般被拖拉着。我不忍也不敢回頭，只讓淚水模糊我的視線、麻醉我的痛苦。」

她的分享，讓我上了寶貴的一課。喪親的傷痛，不單源自不能避免的生離死別，亦可能引發自可避免的人為程序。時移世易，現在各醫院殮房的環境已大大改善，燈光不再是以往的昏暗，溫度也不再是以往的低，牆身也不再是以往的冷。

我與嘉薰醫生，因着在同一大學工作而認識，看到他與瑪麗醫院的

團隊積極地改善殮房服務，令我感到肅然起敬！正如嘉薰醫生在文中所説的，在着重建設硬件的同時，軟件的「栽培」也要配合。嘉薰醫生也正在這方面努力。他用心教學，在兼顧科學知識與技術的同時，亦摻入人性化的元素，讓新一代的醫生提供有心有力的服務。單單從培訓醫生着手是不足夠的，嘉薰醫生亦大力推廣社會教育。他細膩的文筆，勾畫出殮房中所發生的有血有淚故事，讓我們學會珍惜、接受與放下，更讓我們體諒喪親者的需要。

在飛往墨爾本的旅程中一口氣細閱了這本書的初稿，淌了不少淚水。殮房，其實與飛機一樣，都是兩個「地點」的中轉站。它將病者從生帶到死，亦將太太變成寡婦、丈夫變成鰥夫。人面對轉變時焦慮很大。親切的殮房服務員與友善的空中服務員同樣重要。

幸好，嘉薰醫生與團隊所提供的就是這高「仁」服務（T.L.C.: Tender Loving Care）。除了高「仁」之外，想不到嘉薰醫生記憶力也是超人，連一年多前我在課堂上提及的細節他也一字不漏的記得。當閱讀到作者提及有關我的事，回憶又慢慢浮現腦海。對！聽覺是最後失去的知覺，把握當下，將心中話傾訴，會令喪親路更易走。更好的話，應該是把握機會在日常生活中溝通，而不是「留番拜山先講」。下機後的第一件事，就是要與家人聯絡，表達思念之情。

殮房是大家最不想到的地方，卻可能是你與逝者最後道別的地方，這份回憶將會是伴你到永遠。正如書中引述英國Newham University

Hospital 的一句話：

「死亡，帶來不能治癒的傷痛。

而愛，留下長存的回憶。」

願讀者們能善生，與我們一同努力去圓世人「去者善終、留者善別」之夢。

周燕雯博士

香港大學社會工作及社會行政學系副教授

賽馬會安寧頌項目總監

國際死亡研究小組委員

序二

人生最後一間房子

謝謝陳醫生找我寫序，很高興可以比別人早一步看到書稿。讀了一遍，深呼吸，感動到説不出話來，再讀，仍然不捨得，最後看了三遍。默默消化書中的訊息，更覺得能夠參與寫一篇小文，實在榮幸。

這幾年採訪老病死議題，頗羨慕台灣有很多醫生寫書，教育公眾理解種種醫療文化及制度問題。香港醫生的醫療和研究水平，都是國際級的，然而卻相對較少為市民大眾寫書。有被訪者對我説：「我的書才剛出版，上司已經説：『出書不會計數入職評考核，還是多寫幾篇論文吧。』」也有被訪者把面診期間，無時間跟病人細説的資料，寫下來，放上網，卻被上司指責：「你的文章能代表醫院嗎？」迫令網頁暫停公開資料。甚至香港部分醫生，視出版為「博出名」，若非私人執業亦不會考慮。

這是很可惜的，後果亦可以很壞，例如幫助病人走完最後一程的紓緩治療（Palliative Care），香港是亞洲第一個地區成立這醫療專科，然而公眾教育和社區參與，卻遠遠不如台灣。近十年台灣公眾與民選議員一起爭取修改法例、爭取把晚期照顧納入健康保險，發展拋離香港。又例如香港醫院要求醫生，詢問家人對病人臨終時施行心肺復甦法的意願，由於缺乏公眾教育，導致不少誤會，並且演變為投訴，令已經繃緊的醫病關係更加緊張。

陳醫生難得肯寫，而且寫得非常好，文筆親切，在醫護專業人士當中很罕見。全書以舊同學Ruby患上乳癌連貫，隨着Ruby的病情和心身靈變化，內容由淺入深推進。Ruby就像一般香港人，對殮房的印象不佳，但凡傳媒提及的，都是出了事故。陳醫生也回應，就算是醫生，對病人死後的處理亦知道不多。他從事解剖病理學，能解釋殮房更深層的意義，並描述如何實際地改善環境和人手。

Ruby的病漸重，開始擔心死亡，陳醫生亦由殮房談到死亡。醫生大多希望可以「起死回生」，漸漸忘記除了治療，也需要和病人一同面對死亡，讓病人接受死亡，好好地離去。

夭折的嬰兒、仍有體溫的婆婆、爭取妹妹可以見媽媽「最後一臉」的哥哥……向遺體說話的外科醫生、願意額外照顧小孩遺體的殮房服務員……還有氣沖沖的家屬、有額外要求的死者……大量真人真事，立體而微細地展現醫院殮房的功能和局限。

最感人是第五章「解剖刀光，照見人」，陳醫生代入家屬的角度，重新思索，重新感受 —— 有毒癮的男子，解剖後證明死因不是吸毒，令家屬深感安慰；為孩子找出死因，讓父母減少困惑，有力量放下過去，一步步走出哀傷。「如果我是你，也會同意進行這手術，因為我相信這是最好的選擇。希望你毋需自責。」他解釋完報告後，特地安慰，令丈夫從深深的內疚當中抬起頭來。

其中一節，陳醫生是用第一身寫的，完全代入一位母親，去理解和面對女兒的死亡 —— 這種同理心，極之難得，這書對醫科生、前線醫護人員，是一聲溫柔的提醒。

Ruby最終離去，但陳醫生「出死入生」，以更多真人真事，讓讀者明白死亡從來不是終結，反而因為人會死，可以活得更加投入。而殮房「不再只是死者和家屬到的地方，不再隱蔽卑微，而成為學習的地方，多角度關懷喪親者。『死亡』在這裏，用它獨有的説話，傳遞人文訊息，關懷生命，殮房從此不再冷冰冰。這是一幅很美的圖畫，死亡和活人溝通，一同建構更美好的城市。」

陳醫生工作的瑪麗醫院現正重建，未來的新殮房，希望有嶄新的設計，紓緩家屬哀傷情緒，親人可以彼此相擁支持。期待這書可以讓公眾理解更多，集力推動改善。

説到底，殮房是每個人在世，最後待的一間房子。

陳曉蕾

獨立記者

序三　殮房工作並不污穢和低下

我是嘉薰醫生的忠實讀者。在認識他之前，造夢也想不到一位外表文質彬彬的醫生，文筆是那麼的生動活潑。嘉薰醫生計劃寫一些有關殮房的事情，我非常榮幸獲他邀請寫序言。

大家未必注意到，其實在這數十年間，醫院管理局在改善醫院殮房的環境及設施上，投放了大量資源。各醫院的殮房除了環境整潔外，個別還設有「禮堂」服務，讓死者家人免費借用舉行送別儀式；有些更設有「靜室」，供遺屬在寧靜的環境中陪伴逝者及瞻仰親人遺容，希望幫助逝者家人早日釋懷，亦減低家人在處理親人身後事上耗費的心力及金錢。另外，「無線射頻辨識技術」（Radiofrequency Identification, RFID）的實施，令辨認逝者過程中多一重保障，亦可適時掌握遺體的存放量。相信將遺體妥善管理，是給予逝者家人一份最大安慰。

在殮房員工的培訓方面，尤其在「職業安全與健康」、「感染控制措施」等範疇上，醫院都非常重視，務求員工可在安全的環境中工作。

在現今社會，仍有部分人對死亡或殮房工作存有忌諱。幸而隨着時代改變，近年有不少教育水平頗高的年輕人不介意投身醫院殮房的工作，這有助建立新的文化，改變一般舊有的觀感 —— 令殮房工作不再污穢和低下。

病人在醫院中得到治療後痊癒，當然是最好的結果，但現實總有一些病人無法成功被救治。當病逝者被轉送到殮房時，希望每位殮房員工繼續妥善照顧他們，等待他們以另一種形式「離開醫院」—— 這是我在殮房工作的願景。

大家都知道殮房是存放遺體的地方，但相信並不是每人都知道協助病理科醫生進行屍體剖驗，亦是某些殮房職員的主要工作。在編制上醫院有殮房技術員及殮房服務員，他們富有耐心及專門的技能，對病逝者給予尊重，協助病理科醫生為病逝者找出死亡原因，使親屬能夠釋懷。

殮房員工並非一般的搬運工人，他們不僅是專業的技術人員，亦是富有愛心的護理人員。如果你也有相同的理念，歡迎你加入殮房的團隊！

林慶權先生

港島東醫院聯網殮房主任

東區尤德夫人那打素醫院臨牀病理部

醫院管理局二零一五年度「傑出員工」

序四　殮房工作令我更珍惜家人和朋友

殮房、停屍間、太平間、mortuary和morgue……它們指的是同一個地方，擁有同一個身分，但以不同的名字出現。是一個令人感到不寒而慄的地方，大部分人都不想踏足，甚至提及。

而這個驚心動魄的空間正正就是我每天工作的地方。回想當天我硬着頭皮申請殮房服務員一職時，腦袋裏充滿無限的幻想和恐懼，因為這一碗飯好不容易吃。每天對着屍體，接觸的每一件事都是冰冰冷冷的，不論遺體、雪櫃、推牀、解剖用具都給予人冷冰冰的感覺。

而最大的心理關口就是協助法醫科或解剖病理科醫生進行解剖檢驗。還記得我第一次在遺體胸口落刀時，心裏面充斥着不安的感覺，但這感覺很快便被自己説服了，我心裏説：「我不是在傷害他，反之是想為他在終點時作一點事情，協助醫生調查死因，給家屬和死者一個答案。」就是憑着這一個信念支持我堅守崗位到現在。

回想入職殮房前，我在病房工作，工作雖説重複而欠生氣，但我沒感到納悶，因每天都會接觸不同的病人，和病人建立一定的感情，雖然有時會為離去的朋友們感到心酸，但最大鼓舞是可以見到很多朋友們帶着歡顏笑容回家。轉到殮房工作後，遇上這份笑容的機會可説是近乎零。但經過不斷接觸家屬，我開始發現這不是一份死板且重重複複的工作。

我覺得人生在世，沒有任何事比生離死別更痛苦。當至親離別時，家人往往感到傷感和徬徨，我可以作的就是在能力範圍內儘量給予指引和幫助，雖然這小小的幫助不致於令家屬立刻忘記喪親之痛，但相信可以令喪親的家屬較容易行過這條哀傷路。

殮房的工作不會令我更害怕死亡，反之令我更珍惜和家人朋友相處的時間。如要問我以怎麼的心態去面對這份工作和家屬，我會回答：「我是在港島南區長大，每次經過香港仔隧道，都會見到一道對聯：『今夕吾軀歸故土，他朝君體也相同』。從小便經常反思此內容，愈想愈有味道。」

今日殮房的服務如何，將來我們離世時境況也如何。

潘俊傑先生

瑪麗醫院殮房主任

從「以屍為本」到「以人為本」

我會在殮房為醫科生授課。有次我作了個小實驗，請一小組三年級的醫科生，在醫院裏找殮房。

他們像許多市民一樣，不清楚各部門的位置。而殮房的路標，甚少出現在醫院的入口和當眼處，因為我們都不希望，一踏入醫院，就遇上引向死亡的路。

由於缺乏路標指示，費了醫科生不少勁才來到這個學習的地方。一些準時到達的學生，在堂上打手提電話告訴正趕至的同學，左說右講仍難把確實地點說明白。

殮房，處於醫院一角，隱蔽而卑微，若不按圖索驥，許多人難以清楚它的位置。

殮房，你在醫院的位置到底在哪？你在社會的位置又在哪？

當病理科醫生初期，有天我問母親，覺得殮房是個什麼地方。

她說：「它是每個人在世最後的一間房子，很小，剛剛足夠容身。」

母親說得好，二零一四年香港有超過四萬五千人死亡，八成人死在公立醫院，其餘的會被送進私家醫院或公眾殮房。除非你的軀殼在人間蒸發，否則每人死後都要「進駐」殮房。

殮房是每個人死後的第一個「居所」，我們卻對它了解很少。大部分遺體在這裏「住」上兩至三星期後，就被轉移到殯儀館或火葬場去（註）。

註：二零一五年二月至二零一六年一月，遺體逗留公營醫院殮房的日數，平均約為二十天。

這個在人生中重要的地方，以往竟得不到社會適當的注視。殮房，像它所儲存的遺體一樣，默然無聲的「運行」，它孤單的位於醫院或社區的「邊疆一隅」，像個隱蔽的青年，躲在黑暗的角落。

殮房，這個我們在地上終極的「居所」，奇怪沒什麼書去談它，也沒多少處理哀傷輔導的機構想起它，幾年前甚至連學術研究和教育課程也把它遺忘了。

殮房在許多人心中，簡單得很 —— 它只是遺體暫時儲放的地方，冰冷、陳舊而陰森。彷彿這裏，除了死亡和陰冷，什麼也不是。這也難怪，「殮房」（mortuary） 的名字，本身就源自拉丁文“mortuarium”，意思為「墳墓」，不就把殮房這地方一語道破了？怎不叫人心寒？

於是，這地方成了禁忌，也因而窒礙了它的發展。死者從病房去殮房的路，總是一條迂迴曲折又帶點陰森的路。上殮房，成為很不吉利很不光彩的事，路上引來不少途人目光，過程自然鬼祟偷摸。

這便說明為什麼有人形容，親人伴死者上殮房，經歷的是一條羞辱之路（Walk of Shame）。

正因為沉默，正因為偏離（註），就變得毫不起眼，難以與時並進。醫療資源有限，「生」的需要那麼大，腫瘤治療、新醫療科技的發展、林林總總的「高階」檢查、病牀擁擠問題……在「優先次序」下，令殮房發展捉襟見肘。

但在殮房工作久了，我看到它鮮為人知的一面。這地方，既有需要

註：殮房有遺體出入，也有靈車進出，為免影響醫院的行人和附近居民，位置多數遠離人流，或在偏遠隱蔽的地庫，一些殮房甚至有屏障圍繞遮掩視線。殮房的出入口設有閉路電視等監察系統，閒人並不可隨意出入，以保障遺體安全，卻令殮房變得更神秘。

改進發展的地方，也有溫情的一面。

它有着不一樣的故事。

這些故事，預示殮房的未來發展，在醫院的一隅，某些事情正醞釀轉變。

上世紀九十年代，香港先後進行了首宗骨髓移植、肝臟移植和心肺移植手術，當時死後捐贈器官仍是很大的忌諱，很少人願意甚至談論器官捐贈。政府和醫學團體大力推廣器官捐贈，成績並不理想。

之後，透過舉辦不同的欣慶新生活動，獲移植後的病人現身述説感恩故事，器官捐贈才漸漸被人注意和接受，市民談論死後捐贈器官的態度也逐漸開放。

談死，是忌諱，從來都不容易，但當死亡可為生命帶來轉變，死亡就少了忌諱。

在充滿死亡的殮房，也有「生機」嗎？

提起殮房，總會聯想起令人傷痛又尷尬的嚴重事故。

二零零七年，威爾斯親王醫院將一具遺體錯誤發予另一家人，遺體要在火化後才被發現誤發。

二零零九年初，東區尤德夫人那打素醫院的殮房遺失了一具嬰孩遺體，警方需大舉出動在堆填區搜索，仍遍尋不獲。

二零一零年，衞生署公眾殮房的醫生，錯誤解剖一名毋需剖驗的老婦遺體……

連串的失誤，叫殮房一下子被傳媒揪住，放在鎂光燈下，引起社會嘩然，家屬憤怒、社會怨聲沸騰，醫院管理層和政府部門署長都要鞠躬道歉。

困難，是學習和進步的機會。這些事件暴露了殮房許多問題：監督和配套落後、遺體處理過度依賴人手、以及欠缺電腦化監察等，令殮房在幾年間受到前所未有的重視 —— 添置電腦，加入「二維條碼」（2D Barcode）辨認系統，而一些較大殮房的出入口和解剖室甚至引入「無線射頻辨識技術」（Radiofrequency Identification, RFID），以堵塞遺體錯誤出入殮房和解剖室的漏洞，加強辨識，安全性也大大提高。

這幾宗嚴重事故，喚醒大眾對殮房服務的關注。無可否認，這幾年來殮房的資源多了，安全度大大提高，設施改善不少，是件可喜的事。醫療管理中，常說「安全與質素」。當安全性提高了，接着要處理的，是質素問題。

「硬件」有了，更叫人安慰的是，在這個以前很少人重視的地方，逐漸出現一班有心人，在陰暗的一角，播下關愛，努力為這地方作出質素上的改變。

殮房需要改變。但要改變殮房，長路漫漫，千里之行，一步一足印。

這也許是好的時機。隨着人口老化，死亡率上升，社會關注「善終」；在一片醫療改革聲中，有醫院正準備興建或重建，當生死教育在社會逐漸引起迴響和關注，當討論死前預設、參觀殯儀館、了解殮葬等活動開始被社會接受，殮房也不該繼續沉默，是時候接受轉變了。

作為醫生，我相信一紙「死因醫學證明書」（Medical Certificate of Cause of Death），帶來的並不是醫療的終結，而是另一段路的開始。

殮房是驛站，是人剛離世後暫時的「居所」，對不少家屬來說，死者似去還留，逝者的生命必須受到尊重。除此，殮房也要顧念後人的哀悼反應，維護死者和家屬的尊嚴，履行社會教育的角色 —— 這就是從「以屍為本」到「以人為本」的轉向。

於是，有了這本關於殮房的書。一本從殮房看死亡、看「生命」的書。我們需要道破某些謬誤，拆解禁忌，讓市民多了解殮房運作，明白它在醫院、社會的角色，殮房才不再神秘，走出隱蔽的角落，逃出「生」天。

書中的故事，都是真人真事，不過為了保障病人私隱，也為了減少親屬的傷痛，名字和一些細情都作了些修改調動，但事件的整體性仍是保留着。

這些故事，道出殮房鮮被談及的一面。它們告訴我們，殮房這地方，並不如傳媒或劇集呈現的冰冷陰鬱，也不只是死亡的地方，它也有感性的一面，也有發展元素值得探討。

曾和不少喪親者傾談，對於殮房，他們的評價大多是負面的。殮房如何做得好一些？書中某些溫情的故事，也許並不普遍，但這些個別的案例的確發生了，呈現殮房值得探索的方向。把這些故事道出，也希望更多人知道，在醫院的角落，仍有願意去關心喪親者的人，默然工作。

我很感謝香港大學社會工作及社會行政學系副教授周燕雯博士、獨立記者陳曉蕾小姐、港島東醫院聯網殮房主任林慶權先生和瑪麗醫院殮房主任潘俊傑先生，為書作序。他們都是有心人，在不同崗位上，默默耕耘，謙虛溫柔，探討死亡，關懷喪親家屬，提升人的尊嚴，這份熱誠給殮房帶來溫暖。殮房因為他們，變得更有希望。死亡的經歷，也因為他們，有了點點的不同。在這醫院幽暗的一角，想起有人同行這條改革的路，我就不感寂寞，走下去也踏實多了。

是這班有心人，叫殮房不再像以往冰冷，也因為他們的人文關懷，令殮房逐漸以人為本。

特別鳴謝馬鎮梅小姐和陳健佳小姐，百忙中閱讀書的初稿，給予我寶貴的意見和鼓勵。也感激我太太的支持，我們有同一理念，儘管資源匱乏，香港人是值得死得好一點的，留在世上的親屬也該活得安然。我們都希望，當我們其中一個「早走」時，殮房已成為安慰對方的地方。

大呼小叫尊重生命，倒不如持續關懷生者和死者的需要。但要如何持續這份關注？殮房如何能更人性化？在環境設計和員工培訓上，如何改善殮房對生命的尊重？在社會，殮房又有什麼教育角色？這都是殮房要「活」出的使命。

轉變的路是漫長的，但唯有轉變，重新定位，這「最後的房子」才可發揮其最重要的功效。

事情不容易，卻並不是遙不可及。或許是時候起程了。

因為長路始於足下。

陳嘉薰醫生

病理科專科醫生

Chapter 1

初到貴境，殮房光與影

那我從十多年前開始說吧

剛完成解剖，我乘升降機離開地庫，踏出隱蔽在醫院一隅的殮房。

出入殮房，是我慣常工作的一部分。

午飯時間，醫院人流很多，職員趕午膳，探病者心焦急地來回在走廊上。

我遠離殮房的死亡陰間，走進這烽火大地。

醫院裏，生命，無時無刻都在和死神交戰。我沒有走進餐廳，逕自往前走，踏進紓緩治療科的大門。

我的小學同學，懷孕後期發現乳房腫瘤，檢查後證實患癌。為了及早治療，醫生提前幫她剖腹生產，早產兒幾經搏鬥，終於出院回家，她卻仍留在醫院的腫瘤科。

手術後她康復得很好，可惜住院期間發現肺部、肝臟和髖骨出現四個腫瘤轉移。

還不到四十歲，癌細胞已張牙舞爪，侵蝕器官，摧毀生命。

嬰孩哇哇回家，她卻被診斷末期乳癌。基因測試後，標靶藥並不適用。醫生和病人把僅有的希望放在某種仍處於實驗期的化療藥物上。

可惜六個月下來，腫瘤並沒有縮小，副作用卻叫她痛不欲生。和醫生商量後，決定把藥停了。

正值盛年，剛迎接新生命，她要和死亡妥協。

這次她又因肺積水和氣促入院，躺在紓緩科的「兩人套房」。旁邊的病人今早正好出院。

「嗯，Ruby，精神不錯呢！」我沒把她消瘦的事實宣之於口，「Vincent會來嗎？」

窗台引入陽光，窗外是翠綠山景。入院後抽掉肺內的積水，呼吸明顯暢順了。

「不了，下午探病時間才來。總要工作和照顧兒子。」

「沒胃口嗎？」我見牀頭櫃檯上放了碗幾乎沒吃過的粥，「下次WhatsApp我，告訴我想吃什麼，我在餐廳幫你買。還想不想吃炸兩蘿蔔糕？」

上個月清晨，住院期間她突然WhatsApp我，說起牀後突然有胃口，很想吃炸兩和蘿蔔糕，知道我一大早回醫院，問我可否在餐廳給她買來。

末期病人胃口很不穩定，有時糟透了，有時又突然想吃什麼。機會難得，我幫她買了送去病房。紓緩病房一般較其他病房通融，讓我放下早餐，可惜她吃了一半腸子又絞痛了，留下大部分的食物。

最近她的腸胃黏連得厲害，不時出現阻塞情況。

「炸兩蘿蔔糕？太油了，受不了。」她笑，臉皮瞬間閃過抽搐，眉頭輕輕皺一下，又繼續笑下去。現在腸痛經常不聽話，毫無預兆下把她逮個正着。

「同學一場，我又在附近工作，不要客氣。」

「別麻煩你，大醫生。忙就別來了，你也不必客氣。嗯，剛從殮房出來……？」她雙手做出切割牛扒的動作。

她知道我的專業，手勢表示解剖。我點頭。

「整天對着死人，不怕嗎？」

「生人要照顧，死人也要。」我很少貿然在末期病人面前提及我的殮房和剖驗工作，不因害怕，只因顧及他人感受。死亡對很多嚴重病患者來說，仍是禁忌，不想觸及，彷彿是「潘多拉」，不可隨意打開話匣子。難得Ruby對死亡持開放態度，我就直說了。

她看窗外，向高山舉目。

「對呀，都是人嘛。想不到生前死後，都有專科醫生看。」Ruby知道，作為解剖病理科醫生，我的部分工作，是為死去的人提供「專科診斷」。

「你倒豁達，不避忌談死。」

「病到如今，死亡是避無可避了。我早有心理準備，只是身邊的人和醫生，總叫我不要放棄。」

「你真的不怕死？」

「不，當然怕！」她糾正我，難得仍掛着笑容。「我還不想死呢！但要發生的總要學習面對，對不？而且生命，從不因為死而終結，我們都有另外更好的地方去。你我都是基督徒，明白我說什麼。」

「你真的知道，我們死了去哪裏？那裏真的更好？」

她笑了，指指天，像說「我們都去天家嘛。」

「不，我們死後是去殮房。」我更正她，半開玩笑，拉開牀邊的膠椅坐下。

她有點不忿被捉弄了，苦笑：「殮房，可怕。除了擺放遺體和解剖，還是個怎樣的地方？」

「其實那裏並不如想像可怕。只是被傳媒渲染了。」

「說來聽聽。但——你有時間嗎？」

「還有半小時。你呢？」我看錶。

「呵呵，我也有，希望還有半年吧！」

我被逗笑了：「好吧，那我從十多年前開始說吧……」

1.1 醫生也醫死

醫生都要面對病人死亡，但對於死後的處理，大多醫生都認知不多。

因為在臨牀治療，病人一旦離世，感覺就是離開了醫療系統，與醫「生」無關了。

多年前有名病人在醫院剛病逝。親屬由外國趕至醫院時，年資逾十年的主診醫生剛完成證明死亡的程序。親屬既要接受死亡的事實，又要面對身後事的安排，便追問醫生關於辦理身後事的程序。醫生對此一竅不通支吾以對，未能與親屬好好溝通，因而引起親屬不滿，對香港醫療極度失望，及後投訴至醫院管理層去。

當病人死去，簽發「死因醫學證明書」後，醫生的職責是否就「到此為止」、「大功告成」？臨牀診治上，醫生一直強調溝通，也向親屬解釋病情，為什麼一旦病人離世，就像切斷風箏線似的，「大腳勾消」，把病人和家屬「放逐」了？死後的關懷和照顧，不也是社會的基本期望嗎？

儘管病房經常有病人離世，但臨牀醫生和醫護人員對遺體處理的認識很少，看似匪夷所思，卻不難理解。為了更有效醫治病人，醫生被細分為許多不同專科，強調的，都是救急扶危，對症下藥，很少涉獵對死亡和身後事處理的知識。

我相信所有主診醫生，都不希望病人在自己面前死去。和任何人一樣，我們都害怕面對死亡，甚至逃避死亡，久而久之任何和死亡有關的事，就變得和自己無關。

作為醫生，死亡是叫人沮喪的治療結果，在任何醫學研究中，死亡都標示醫療的失敗。研討會上，一名腫瘤科教授正闡述不同的治療功效。

「當病人確診肺癌時，手術是治癒的唯一方法。如果屬早期，切除腫瘤後病人五年的存活率超過七成。」

我們於是把早期的病人交給外科醫生救治。

「可惜大部分肺癌患者發現較遲，無法用手術清除癌細胞，那些第三、四期的病人，缺乏醫治的話，五年的存活率往往少於一成。」

死亡，是可怕的，是敵對的，是要打倒的。

「對於這些病人，化療和標靶治療相信可控制病情，甚至延長病人的壽命。」

於是，我們千方百計，研究不同方法，把走向死亡的病人拉回人間。身為醫生，這成了我們的天職——無論有多少機會，我們也不容許病人接近死亡。

死亡，成為醫療的宿敵

「有研究顯示，標靶治療比一般化療的副作用少，效果也較佳。標靶藥物針對癌細胞的基因變化，只需讓病理科醫生為癌細胞進行基因測試，便可決定藥物是否適合病人服用。」

醫生羣策羣力，盡一切努力，進行不同測試，目標只有一個：把病人留在世上，也讓病人活得更好。

我們強調治療，定睛存活率，也鼓勵病人擠進那管窄小的生存機率。就是如此，我們都習慣在生的大地觀望，竭力把病人扯回來。死亡，成為醫療的宿敵，一旦發生，就預示醫治成果告終。

他今晚不死，明早就有救了

記得在外科實習時，有次深夜，護士通告我，某位老伯在手術後血壓突然飆升。老伯一直有高血壓毛病，正服用血壓藥。

我讓老伯安靜五分鐘後再量。深夜時分，躺在牀上的老伯，根本就一直安靜。五分鐘後血壓度數依舊。

我檢查老伯，除了血壓高外，並無不妥。初出茅廬，這小毛病我不好意思在深夜時分吵醒主診醫生，問他處理方法，於是問對面病房共事的實習醫生 —— 他在內科工作，該見過不少這類個案吧？

「給他一劑血壓藥A吧。」他斬釘截鐵的滿有信心。

「真的行嗎？」我從沒有處方這藥物。

「這藥在血壓科很平常耶。它有效控制血壓，最好是療效較短。」他像對着一個傻瓜，不耐煩的說：「你先開一劑藥，控制好老伯的血壓，明早藥效過後剛好主診醫生就巡房，讓他們再調校血壓藥不就行了？最緊要保住老伯的命，他今晚不死，明早就有人救了。」

想也是道理，就開了一劑藥。我擔驚受怕，兩小時後再看老伯，他早呼呼入夢，血壓正常，第二天血壓也沒有再次飆升。

這算是小事一樁，卻深藏我腦裏，提醒我一個大道理：我們要對抗死亡。病人只要不死就好了。

死亡變得很可怕。

死亡，幾乎成為醫科培訓的禁地，沒多少人談及它。在日本旅遊行山時會遇上告示：「熊出沒注意！」自踏入醫學院，我們同樣不時被警示，別走近死亡！

我們只站在生的一邊，不斷醫治，拒死亡於千里之外。如此一面倒的教育，怎培養出關懷病人死亡的醫生？醫生又怎有興趣去了解死後的處理？

於是殮房對醫護人員來說，普遍只存有兩重意義。

其一，它代表醫療的「出口」，當病人藥石罔效，醫生簽出「死因醫學證明書」，就會舁送殮房，這意味病人離開醫治範疇，不再需要醫護了。於是，殮房像是outbox，離世後的病人，對醫護人員來說就事不關己了。

其二，殮房是解剖遺體的地方，這認知源於醫科生時代。醫科生到殮房的目的，只為參觀解剖。「有二十種死亡情況是需要呈報死因裁判法庭的。將來大家成了醫生後，遇上這些死亡情況，就必須呈報。」屏幕上密麻麻的列出二十種死亡情況，法醫課堂上病理科醫生語重心長的警示：「醫生如果未能呈報的話，除非有足夠的理由，即屬犯罪。一經定罪，可判處第一級罰款（按：現時為二千元）及監禁十四日……」

關於死亡，醫生的培訓，就是如此專業，也頗狹隘。

醫「死」

我是在離開病房、成為病理科醫生往殮房工作後，才發現殮房在醫療、在社會的角色。

香港有超過一萬三千名醫生，當中不足二百名為「解剖病理」或「法醫」專科醫生，他們部分工作，是站在死亡線的另一邊，出入殮房，和一班殮房員工，一起處理遺體，默默守護的，是死去的生命，和他們留在世間的親人。

在醫院殮房解剖的醫生，叫「解剖病理科醫生」；而在公眾殮房服務的，是「法醫科醫生」。嚴格來説，出入殮房，為的並不是醫「生」，而是醫「死」。

殮房冷知識：病理科六大支派

病理科為醫學專科，主要分六大支派：解剖病理科、化學病理科、微生物科、血液病理科、法醫科和免疫科。醫科生畢業後要接受起碼六年的專科培訓，才可成為不同支派的病理科專科醫生。在香港，解剖病理科最「人才濟濟」，截至二零一五年十月，解剖病理科專科醫生約一百六十人，而法醫科專科醫生則不足二十人。

1.2　殮房，不管也得管

初入病理科，我像許多市民甚至醫生一樣，對殮房的印象不很好，或許畢竟這是死人的地方。作為醫「生」，卻要在殮房處理死亡，也挺不好聽！所以十多年前，當部門主任叫我幫忙「管理」殮房時，我一千個不願意。

那年，為提升服務質素和安全，病理部門參與了國際認證計劃(註)，殮房隸屬病理部門，是必須評估的項目之一。

那時候殮房服務被人忽略，沒多少人願意投放資源和心力，設施和制度都遠遠落後發展，指引嚴重不足，竟要參加國際認證計劃，幾乎是天塌下來的事。

「你可以身先士卒，擔當殮房認證計劃的主要負責人嗎？我知道這不是件容易的事。」部門主管帶點試探的看我對這「創舉」的想法。

「吓，管理殮房？」這是我心底的第一個反應。那是個不受重視、處理死人的地方啊！殮房長期在醫療系統中隱蔽，是處被遺忘了的地方，資源匱乏，形象低落。我要「整頓」它，無疑是移開衣櫃子，把藏在背後、積壓已久的灰塵垃圾害蟲全抖出來！

況且，殮房在醫院管理的架構上，由管理層和病理部門共同承擔，這份差使，可以由管理層擔當嗎？我想把責任卸去。

但初入行幾年的我，怯生生的，縱使心不甘情不願，卻沒有說「不」的勇氣。

「當務之急，是釐定指引。我知道現在的制度是口耳相傳，很少

註：「認證計劃」旨在提升質素和安全，計劃採用外部獨立審查形式進行，以一套既定的標準進行全面評審，幫助醫院客觀而有系統地去評估其管理、設施和運作的風險，改善不足之處，以達致三大目的：確保病人及員工安全、提升整體效益質素，和顧及病人及員工的感受。

『白紙黑字』，為了認證，一切必須系統化，你要把員工的工作程序一一落實在紙上，讓評估員閱讀查核。寫指引是重要工作，讓員工有法可依，也要確保殮房光線、儲屍格的溫度、地面的濕滑情況、空氣循環系統、儀器的精準度和防感染措施，都符合國際標準。現在離評核還有一段時間，你分配時間慢慢進行，發現不妥善的地方，告訴我一起處理……」

踏進這死亡之地，嘗試了解其運作

好駭人的清單，我訝異為什麼以前沒人把它們一一落實成為指引。

「殮房存在許多問題，也是時候把它處理好。你和殮房員工好好談談。」主管鼓勵我，彷彿責無旁貸。

我明白了，部門主管是外籍醫生，由於言語障礙，無法有效與殮房人員聯絡溝通，就很難把殮房口耳相傳的指引化為文字，也對實行改革事倍功半。

「我知道你喜歡舞文弄墨，這差事你該勝任有餘。」老闆開了個玩笑，向我眨眨眼睛。

就這樣，我踏進這「死亡之地」，嘗試了解它的運作。

當時我對殮房認識十分膚淺，只知道它是屍體出入、解剖檢驗的地方。很快地我發現殮房在社會，除了處理遺體，還有另一重要角色。

殮房，豈不是人體垃圾站

它也處理醫療廢物 —— 手術後醫院需棄置的人體組織殘肢，或經病理科醫生檢查後的器官標本，都會經殮房處理掉。

我打開偌大的儲藏櫃，內裏有一盒盒的箱子，存放手術切割後正待移走的腸肝肺和骨骼，還有胎盤和其他大小組織等，瞪圓了眼，啊，殮房棄置醫院不要的組織，豈不是醫院的人體垃圾站？難怪形象那麼低微，感覺「骯髒」。由於殮房的工作環境欠佳，員工要處理遺體、腐壞組織、排洩物和器官殘肢，需要體力勞動，故每月會派發額外辛勞津貼，即「厭惡性職務津貼」(註)。

厭惡性職務津貼，加強了這地方的「厭惡性」。

我家附近有處垃圾收集站，每天早上都會有垃圾車駛來，運走屋苑堆積的廢物。也許因為殮房也處理醫療廢物的關係，我開始留意這垃圾站來。

以前每逢經過，我會捂住鼻子避之則吉，感覺厭惡，但現在我卻感謝垃圾站 —— 它幫屋苑清除垃圾，保持清潔。而這幾年，垃圾車的設計也改為密封式，大大減少了異味，與時並進，叫人較容易接受了。

沒人喜歡垃圾站，但它在屋苑很重要，屬必要的邪惡（necessary evil）。殮房也一樣，為社會扮演不可或缺的角色。沒有它，瑪麗醫院每年超過四公噸的醫療廢物如何安全地被火化處理？

註：「厭惡性職務津貼」是發給需執行「特別厭惡性」職務的人員，發放原因並非補償員工「不喜歡」被委派的職務，而是員工履行職務時需長期接觸令人不安、討厭和抗拒的東西，如腐敗組織、排洩物、屍體、惡臭等。現時在殮房直接處理人類殘肢、排洩物和遺體的員工大多有此津貼。

肢解案驚魂

二零一四年十月，在美國佛羅里達州的某垃圾堆填區，撿獲一截成人的小腿，警方大為緊張，懷疑是宗肢解碎屍案。

小腿旁竟繫着刻有名字的牌子，警方循線索追查地址，登門造訪，一名五十六歲男子應門，當警方查問時，男子回答他正是截肢的「主人」！

這才發現純粹誤會 —— 男子一個月前接受截肢手術後，醫院沒有妥善處理殘肢，交給合適部門火化，卻當普通垃圾棄掉。

病人仍健在，但事件令他受辱，情緒受創，截肢事件曝光也侵犯了私隱，他無法忍受，正循此控告院方疏忽。

待棄置的器官組織，殮房需嚴謹監控，小心處理記錄，不得馬虎，否則會造成恐慌，浪費警力，對病人、對社會的影響很大。

1.3 委屈的工作

我開始接觸殮房的員工，深入了解他們工作的流程，把程序寫成指引；有不完善的地方，也嘗試改進。我寫了整整一大本指引，才發現只是冰山一角，殮房的工作繁多，有的功能叫我訝異。

和員工熟稔了，發現他們也有「悶在肚裏」的委屈。

當時殮房員工穿的制服是深綠色，帶點骯髒的啞色，我每天經過殮房，習以為常，有次閒談，他們透露這套制服是標籤，走到醫院那裏，人們都會投以不歡迎的目光，有的則避之則吉，叫他們不好受。

「所以儘量少離開殮房。吃飯也不會在餐廳吃，人家看見你都彈開啦！還給人望不夠？」

「真的要買飯盒或送文件，就披件外套遮掩。」

既然制服不好看，我問他們為什麼不和上司談談，換來一句：「算了吧，做這行，預咗，別煩人。」

日常生活也有難處。

「有剛認識的人問起我工作，我也不會告訴他。想嚇親人咩！」

「有次我陪親戚的兒子申請學校，閒談間老師問我從事什麼職業，我心直口快的説了，老師面一黑，像看見死人似的。連我老婆都叫我別隨便把我的職業告訴人，很忌諱的……」

「在一些紅事日子，親戚也不願邀請你。你也不好意思去啦，大吉利是咩！日後如果真的有什麼事，即使你明知唔關你事，他也會賴你。」

我開始明白，社會對「殮房」二字，有根深蒂固的成見，存在很難消除的禁忌。這裏的員工，抱着「啞子吃黃連」的心態，不輕易吐苦水。

有天和部門主管談起，把這帶「標籤效應」的制服問題告訴他，他眉一揚，恍然大悟的感歎：「唔，怎麼不早點發現呢？」説罷提起電話，撥給行政部。

個多月後，所有殮房的員工都改變了制服，換上藍色袖衫黑西褲，配上黑皮鞋，成了「藍領」一族，個個醒神悦目，一副專業服務員的模樣，神氣得很，親切感大大提高，走在醫院也少惹人側目了。

其實我們職位低微，早習慣了

換上新制服，我和他們來了張合照，大家都很神氣，燦然一笑，像揮別過去。

之後有人卑微的對我説：「陳醫生，件制服咁靚，走在走廊上好多人望住，真不習慣！辛苦你了，但其實我們職位低微，早習慣了，別煩到你……」我們都笑了。許多人迴避殮房員工，但相處多了，我漸漸發現他們也是親切可愛的人。

殮房冷知識：殮房員工的職責

殮房工作的員工，主要是殮房主任和殮房服務員。殮房主任的主要職責，為管理殮房和監督殮房前線人員，監督遺體接收、儲存和處置等，確保殮房運作的措施順利執行。亦要協助醫生準備和分送解剖樣本進行化驗。主任需回應家屬查詢，協助家屬辨認遺體，以及向家屬解釋身後事的安排及程序，也要處理日常文書工作，包括預備統計報告、保存記錄及解剖報告、更新個案資料和準備總結報告，並將之存檔。

殮房服務員的主要職責，是接收、安置、點算、清理及發送遺體，當家屬來認領遺體時，安排家屬辦理手續及與家屬核實遺體，亦要保持殮房整潔、處理醫療廢物及有關死亡文件的文書工作。一些醫院的殮房服務員亦要協助醫生解剖及取證，包括解剖前準備及事後清潔等。

某些殮房，還有殮房技術員，監督和處理殮房前線工作。

1.4　小禮堂內的溫馨道別

換上醒目的新制服後，員工的形象專業了，少了旁人的側目，的確減少某些人對殮房的成見。但要打破殮房的禁忌，改變大眾對殮房的目光，並不是單靠外服改變得了。要「換藥」，才是長遠目標。

但如何「換藥」？我一時想不通，只覺得殮房如果一味處理遺體和殘肢，它將永遠停留在現在的位置，走不出去。

殮房少了什麼，桎梏它發展？它還有什麼角色？

和一些喪親的朋友談起，發現殮房服務和大眾的期望，存在很大的落差。一直以來，我們很努力的工作，卻又像忽略了什麼，得不到市民讚賞。

「幾年前從殮房領爸爸的經驗很不好，我仍記得清楚。殮房的員工把裝着爸爸的袋子大力推送移動，打開袋子拉鏈後叫我們辨認……他們把袋子粗暴轉移，叫我的心下沉，他們像對着一個……垃圾袋一樣。」一名死者的女兒告訴我。殮房服務員粗暴對待遺體，或沒有好好清理乾淨儀容等，多年來無法令喪親者釋懷。

生命來到終結，如果未能尊重地處理遺體，帶給家屬的，是難以磨滅的遺憾，甚至是無法撫平的憤怒。

這告訴我，殮房忽略了社會的期望，未能體諒市民對喪親的需要，提供適切的關懷和服務。

全港的公營醫院共有三十六間殮房，當中二十間(註)設有一間小禮堂，讓家屬舉行簡單的告別儀式。小禮堂的設施有點簡陋，空間有限，參加的人數不能太多，若家屬希望喪禮從簡，或無力在殯儀館舉行喪禮，只要不點火不騷擾周遭的人，向醫院申請後便可免費借用送別死者。這種從醫院直接將遺體舁送火葬場或墳場、毋需租用殯儀館設施的安排，叫「院出」。

醫護和保良局人員，竟為嬰孩舉行送別式

一個早上，有人為一名兩歲多的小孩在小禮堂舉行了送別儀式。來賓不多，有醫護人員、治療師、保良局工作人員和監護人等，唯獨欠缺小孩的父母和親人。

兩年前，在北區的一間賓館內，有人聽見嬰孩的嚎哭聲，打開房門後發現躺在牀上的他，父母不知去向。嬰孩身旁有封信，信上寫着嬰孩的出生年日，以及父母的期望 —— 由於嬰孩患有嚴重先天性心臟病，肺功能也差，他們無法照顧，希望有心人代為看顧醫治。

男嬰被遺棄時才半歲大。警方偵查所得，相信父母是內地人，已返回內地，自此失去蹤影。嬰孩被送進保良局，也開始接受治療。由於心臟缺陷極為嚴重，嬰孩接受了許多次大大小小的手術，情況仍然未見好轉。他肺動脈的壓力大，含氧量不足，皮膚紫紺，需長期依賴氧氣輔助，體重、智力和活動的發展滯後，兩歲多了，仍站立得不穩妥，只能發出「呀呀」的聲音，需要物理、職業和言語治療師介入幫助。

最後男孩還是抵不過器官衰竭，在醫院離世。

註：截至二零一五年六月，設有「院出」服務的醫院如下：
（資料來源：食物環境衞生署「辦理身後事須知」http://www.fehd.gov.hk/tc_chi/cc/die_todo_c.pdf）
港島：律敦治及鄧肇堅醫院、東區尤德夫人那打素醫院、瑪麗醫院、葛量洪醫院、東華三院馮堯敬醫院
九龍：佛教醫院、伊利沙伯醫院、基督教聯合醫院、明愛醫院、廣華醫院、聖母醫院、仁濟醫院
新界：北區醫院、沙田醫院、大埔醫院、威爾斯親王醫院、雅麗氏何妙齡那打素醫院、博愛醫院、屯門醫院、將軍澳醫院

一般來説，當小孩無親無故，離世後監護人可將遺體交給醫院，作「無人認領遺體處理」，由殮房安排交給食物環境衛生署處理。令我們訝異的是，醫護和保良局的人員，竟申請為這嬰孩舉行送別儀式。

棺木很小，嬰孩靜靜的躺着，臉色有點蒼白，口唇略帶紫紺，那曾終日橫於鼻孔的氧氣管，已被移走。他大概從沒睡得如此安詳。

道別，來得溫馨

氣氛並不很傷感，來賓只是坐在一排，談談小孩唏嘘的身世，和他成長的故事，説到可愛處，大家還會發出會心的微笑，甚至輕輕噗哧一笑。

道別，來得溫馨，充滿暖意。

這小孩有千百個理由不被呵愛 —— 遭父母遺棄、患嚴重先天性心臟病、發育遲緩、沒有朋輩、需長期照顧……但身邊的人，在他離開後，仍願意為他安排道別儀式，向他表達一份關愛。

這小孩命途多舛，死後仍擁有一份愛，也算幸福。

醫護人員、治療師、保良局工作人員和監護人等，和小孩並沒有血緣關係，卻讓他離開得滿有尊嚴。

父母離棄他，但最終小孩沒有再被遺棄。

殮房並不是撇棄遺體的地方。它可以向離開的病人和家屬，表達一份關愛。

殮房，無疑是處理遺體的地方，但如果我們只注目死亡，以為安全處理遺體就完成任務的話，就捉錯用神了。

因為我們漠視了殮房更深層的意義——對死者、家屬和社會的關懷。

1.5　殮房服務員，相送一段路

這幾年，我聘請殮房員工時，愛問一個問題：「作為殮房工作的人員，如果遇上家屬泣不成聲，你如何處理？」

應徵者都一腔熱誠，大多都信心滿滿的回答：「我會儘量安慰他。」

我常會追問：「喪親者悲愴莫名，要如何安慰？」

之後的回答多是：「我會鼓勵他們説：別傷心了，節哀順變」、「事情既然已經發生，讓過去的過去吧」、「勸他們往前看」等。

他們很想家屬放下哀傷，卻不知道，這些話可會「好心做壞事」，刺痛哀悼者。

殮房處理剛離世的病人。員工也許不明白，失去至親，一些親屬仍處於哀慟或無法接受的階段，叫他們不要傷心，節哀順變，是不體貼甚至是殘忍的説話。對每一位在殮房工作的員工，我都會在入職初期鼓勵他們，處理遺體時，別忘了死者在幾天甚至幾小時前，曾是活生生的人；對剛失去至親的家屬來説，這些剛離世的人在心裏仍是活着的。猛叫家屬面對死亡，「節哀順變」，無論動機多好，在這段哀傷期對憂傷情緒幫助不大，不但無法如願，反而是刺痛的。其實到殮房的家屬，要求並不多，許多時候我們連安慰的話也毋需説，一個體貼關注的眼神，安靜的環境，送上紙巾，騰出座位讓家屬好好坐下，和親友彼此擁抱宣洩哀傷就已足夠。

有一名患先天缺陷、快三歲的孩子，住了多月醫院後離世，父母哭得呼天搶地，帶了許多公仔玩物書本和衣褲給他，希望我們讓東西陪伴孩子，也好好照顧孩子。我們答應了。正當殮房服務員把遺體和大堆物品放回儲存格前，發現孩子的肚皮、股溝和鎖骨下都插上導管和引流管，那是在病房戰鬥後遺下的「頹垣敗瓦」，看了心酸。服務員逕自拿出剪刀和鉗子，小心翼翼的把管子移除，又取出針線，把傷口縫合。

小孩的皮膚很幼嫩，服務員低頭勾着幼針抽出幼線，手指打結時對比柔弱的身軀和幼細的針線顯得格外粗大。服務員一針一線的縫，費上不少精神和時間，我在旁觀看，想如果他得過且過，把導管和引流管移除後，不把傷口縫合，穿上衣服後大概也不會被人發現吧？他像聽見我心裏的疑問，邊縫邊高聲解釋：「這些傷口不縫，易有血水腹水滲出，縫了就比較穩陣。」

膠布是窩心肉色那種

原來血水和體液容易沾染衣服，接收遺體時會增加家屬不安。

之後他走到工具箱，掏出膠布。膠布呈正方形，貼在小孩身上有點大，服務員把它剪成一半，剛好把傷口蓋住。膠布竟不是常用的白色膠布，而是窩心肉色那種，貼在身上就不礙眼。

願意好好相送遺體，為家屬走多一段路，難能可貴。我欣賞服務員敬業樂業的精神外，更欣賞他為小孩和父母作的一切。一條條為生命奮鬥的印記，在家屬心中是痛苦的標示。愛孩子的父母，一直希望孩子無痛楚，輕身離開。兩個多星期後孩子被接走了，我問起孩子的情況，服務員告訴我，孩子來殮房後沒幾天，父母曾來殮房，「要求打開衣服看孩子身上的導管移走沒有，知道我們早把管子清除，還貼上膠布，就放心了。」

遺體存放公營醫院殮房，出入登記都由殮房服務員負責。二零一五年，遺體平均逗留公營醫院殮房約二十日，截至二零一六年一月底，共有二十四具遺體甚至存放了超過九十天，某大醫院的殮房主任告訴我，如果一些遺體因特殊情況需暫放殮房超過五十天，員工會定時每兩星期為遺體檢查和抹身，為什麼呢？因遺體放在儲存格久了，皮膚易滋生霉菌，情況像食物放在雪櫃一般，令家屬不安。殮房服務員妥善處理遺體需付出額外精神和時間，並非必然的。

有次我讓殮房員工參加一個哀傷輔導講座，由香港贐明會的專家分享喪親家屬的反應、及如何適切處理哀傷個案，講座後他們都高興的告訴我，從中學懂不少技巧，得益良多，又興致勃勃的説，以後有相關講座再通知他們。這批員工認真又可愛，願意學習，如有適當的培訓，將為喪親者帶來更多安慰和祝福。

1.6　捐贈視野

某天，晚上十時多，在家中正準備休息，手提電話就響了。

殮房主任通知我，眼科醫院的醫護人員快到。我換上衣服，特地往殮房跑一趟。

那晚，眼科醫院的員工抵達殮房，為一名死者摘取眼角膜。

當日下午，男病人去世，死前願意捐出眼角膜。眼角膜和其他移植的器官不同，毋需大量血液供應，不會因死亡而急促腐化，因此摘取眼角膜的手術，可在死後十二小時內進行。為了不影響病房運作，大多數的捐贈者死後會先舁送殮房，等待眼角膜的摘取手術。

眼角膜的摘取手術，順理成章也多在殮房而非手術室或病房進行。

到殮房時，已是十一時多。由於不時有遺體進出，殮房在深夜時分是不關燈的。

而這晚，停屍間近門口位置，燈火特別通明，令原本偌大而略帶幽暗的停屍處，出現明亮的空間。

一張推牀放在當中，遺體已被移出，安躺在那裏，在燈下成了停屍間在深夜時分的「亮點」。

眼科醫院的同事先進行體檢，細心端詳死者的臉容和皮膚狀況，又輕輕掰開眼瞼檢查眼角膜，認為情況適合了，就打開工具箱，穿上保護裝置，套上手套，取出儀器和器皿，準備手術。

他小心翼翼張開死者右眼瞼，為眼睛消毒，拿出儀器套住眼角膜，摘取，再用鉗子夾住眼角膜清洗乾淨後，把它分別放進粉紅色的消毒儲蓄液內，如是者又為左眼進行相同手術。

最後他為死者植入「角膜假體」取代移除的眼角膜，把眼瞼蓋好固定後，眼球又回復飽滿。半小時後當死者被推回儲存格時，我看着合上雙眼的死者，察覺不出和手術前有何分別。

眼科醫院的醫護人員專心的坐在辦公桌前，登記眼角膜情況，填寫資料，要求我見證簽署。

就這樣，他們細心而專業地保留死者的容顏，完成死者的託付，也為在生的瞎子帶來希望。

望着眼科醫院的醫護人員收拾工具箱離開的背影，那刻，我對殮房多了新看法。

這是一個死亡的地方，但也帶來生機。誰說殮房只處理死亡？是這裏，叫瞎眼的看見光。

那個黑夜，這停屍間的光亮在告訴我，殮房陰冷的角落，有光帶來重生的希望。

除了眼角膜，殮房也是摘取捐贈者的骨頭、皮膚和眼球的地方，幫助有需要的病人。

這就是潤澤蒼生吧。誰還說殮房只有死亡呢？它的存在，也為了幫助患病的人。

殮房要先死後生，更要出死入生

如果殮房只是死亡的地方，就會大大限制了它的發展，也無法打破它在社會的忌諱。只有注目它和生命有關的角色，情況就很不一樣。

殮房在這方面，沒受重視太可惜了。

因此，殮房要先死後生，更要出死入生。

「先死後生」，殮房必須善待遺體，提升遺體出入的安全，保障遺體的完整，讓逝者有尊嚴地離開，再把殮房其他的生命價值帶出來。

「出死入生」，殮房的功能，不止於處理遺體，它最終的角色，不在死亡，而是生命 —— 對死者生命的尊重，對家屬的關懷，對社會的貢獻。

「出死入生」是殮房的一大工程，前路挑戰重重，但相信把死亡和生命拉上關係後，死亡就少了分狂傲，而這地方也不再那麼可怕和忌諱了。

醫療的成效走下坡，死神如影隨形

「真想不到，殮房竟也是器官移植的重要地方。」Ruby露出難以置信的眼神，和多年前我的感受一樣。

一下子這地方彷彿神聖起來。

「但要改變人對殮房的觀感，並不能單靠這數目很少的移植個案。」我跟她說，她有同感。

「更不是單靠新制服成事，一定還要做更多的工作。」

「但時間不早了。唯有留待下次再談。」

「好，下次。我還有時間，哈哈。」發出笑聲前，Ruby用心輕按肚子，臉皮還是抽搐了一下，令她瞇眼，「止痛藥效該過了。」

護士進來，放下一個膠杯，內裏有三顆藥丸，是嗎啡類止痛。

「如果痛，就吃藥吧。」

「這『止痛餅』，止痛一時，但令我很難上廁所，人又暈又累。」一副為難的樣子。

我沉默。病人的不適和痛楚增加，醫療的成效走下坡，我看見死神如影隨形。

Ruby卻不把這當一回事，莞爾：「人生就是這樣子。唯一不捨的，是Vincent和兒子，我希望有機會聽得見兒子叫我一聲媽媽。」

「應該很快了。」我安慰。

「耽誤你的時間，快回去——殮房——工作吧！」

我站起，正要離開，她突然問我，「你會怎樣告訴人你在殮房工作？會把對方嚇怕吧？」

對出入殮房的員工，要說自己的職業，畢竟是種「大吉利是」的忌諱 —— 他們很少如實告訴陌生人自己的工作。

「我會像殮房員工一樣，只說在『病理部』工作。」我的右眼眨動一下。

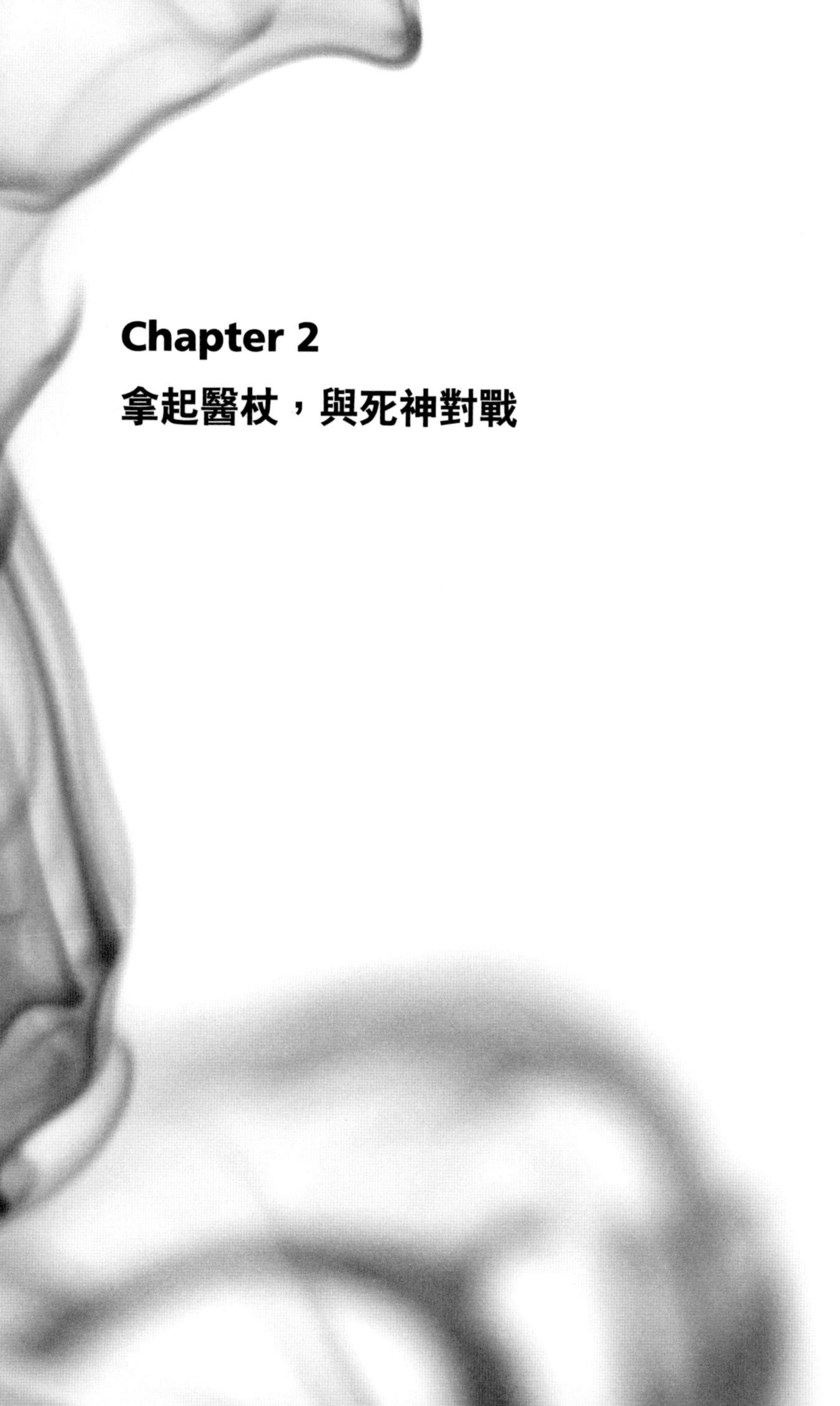

Chapter 2
拿起醫杖，與死神對戰

我們都在醫「生」，沒多少時間去想死亡

那個傍晚時分，離開醫院前我去探望Ruby。

她腸痛仍在，呼吸明顯順暢多了，正準備出院。她換了便服，坐在椅子上，等親友幫忙處理好出院手續和取藥後就可以離開。

Vincent也在，兩夫妻對住iPad，看兒子的相片。

Ruby撥動屏幕，兒子一張張笑臉和睡姿如走馬燈掠過，她心情很好，臉上堆滿笑容，充滿對兒子成長的憧憬。

一切很美好，沒有痛楚，暫時忘掉死亡。

可惜開着的電視，傍晚新聞正報道一宗醫療事故，吸引了我們的注意。一名老翁被發現處方錯誤的藥物劑量，最後死亡。個案轉交死因裁判法庭處理。

每逢有關於醫療的新聞，電視屏幕都出現「醫杖」標誌：一條蛇盤纏在根木杖上。

我們的話題，又扯到死亡。

「你還記得第一次接觸死亡的情形嗎？」Vincent問我。

我想了很久。「其實第一次為病人certify，印象很模糊。或許病久了，死亡變得自然，沒什麼刻骨銘心。」

沒有驚天動地的體驗，我的話似乎令他們有點失望。

「但你在殮房工作，對死亡也總有點感覺吧？我不相信醫生都是冷冰冰的。」Ruby追問。

進醫學院前，信誓旦旦的要拯救病人，助人脫離苦海，可惜病人並不是每次都被醫好。對於死亡，我的感觸到哪裏去了？

曾有醫科生在課堂後找我，說將來要面對病人死亡，如何避免自己傷心。我問她為什麼擔心，她告訴我自己多愁善感，尋找方法叫自己「冷」下來，不想受傷害。

還沒遇見死亡，已打算抽離死亡，她的擔憂明顯早了。

「對於死亡，適當的沉重感是好的。」我鼓勵她，「這份沉重感，令你更容易感受病人的需要。當你對病人的痛苦死亡看得很輕，連沉重感也欠缺的話，你就變得無動於衷，麻木了。」我希望她將來可用心去感受病人的痛苦患難，這比逃避更值得學習。

回首想，自醫學院起，自己也一直讓死亡的沉重感，從肩膊卸落。以前醫學院的教育，從沒有「與病人一同面對死亡」的課題。醫科生的培訓，一直都在逃避死亡。

「我們都在醫『生』，沒多少時間去想死亡。」我說出部分原因。

「但每個人都要死嘛，我相信醫學院也該教醫學生如何面對病人死亡吧。」Ruby說的漫不經心，卻帶出很高深的學問。

當年醫學院教的「死亡課程」，離不開如何breaking bad news（告知噩耗），和如何certify death （證實死亡），這算完成「面對死亡」的課題。

「你說得很好，可惜醫學院的課程很繁忙，連教醫療科學的時間也排得密麻麻的，很難插入這人文課題……」我不肯定這是否真正原因，還是醫學院在課程編排上遺漏了。

這時Vincent撥動iPad相簿，停在一組照片上，插話：「嘉薰，你看，這是我們一家上星期照的全家福。」

「至少日後我離開了，仔仔長大後看這些相片，都會知道一家人曾齊齊整整，有過快樂的時刻。」Ruby說罷把iPad遞給我。

好可愛的嬰孩，好美滿的一家。此時此刻。

「告訴我們，你遇上死亡的感受吧。」Ruby鍥而不捨。

「你真的有興趣？那很令我為難呢！」

「為什麼？」

「因為你將看見，一個讀書時代的優異生，如何給醫療教育潑一身冷水。面對病人的死亡，除了certify death和簽發死亡原因外，我幾乎一無所知。」

「高材生變落湯雞，我當然有興趣恭聽。醫療以死亡為敵，你在殮房每天接觸屍體，又怎看這『敵人』？」

「唔，那要從我畢業後的一宗死亡個案說起……」

2.1 死亡的尾巴

那該是我實習期的第四個多月吧，當時我對死亡並不陌生，已為好幾個病人證實死亡了。快深夜三時，我剛安頓好手上的工作，正打算回實習醫生宿舍稍作休息，傳呼機就響起：「內線1457。緊急。」

「陳醫生，今天下午收的二十八號牀男病人張進添剛發現血壓低，心跳加速，神志也不清醒。通知了霍醫生，他正在手術室，吩咐你先往病房急救。」護士話説得急，我心知不妙，趕去病房。病人情況急劇轉差，路上我盤算着各種疾病的可能性。

張進添才四十多歲，下午四時多入院時，精神很好，分配在離護士崗很遠的一張帆布病牀。當時我作了超過四個月實習醫生，從病牀位置，估計病情並不嚴重，於是按病情輕重分流，張先生被列作延後處理個案。

初見張先生時已是傍晚六時半，他站在帆布病牀旁，一時忐忑的來回踱步，一時又憂心忡忡的坐在牀緣。由於長期咳嗽，急診室為他照了X光，發現左胸腔有陰影，送進病房。病歷打着問號「肺結核？肺癌？」。張先生是消防員，健碩、高大的男子漢。我對着有人滿之患的病房，當時還想，這麼健康的魁梧男子，今晚的檢驗報告出來如無大礙，明早該可出院再作跟進吧？便為他作了體檢，抽血和留痰化驗，又為他排期照電腦掃瞄。見他有輕微發燒，開了劑退燒丸，就完成任務。

病房走廊有點陰暗，兩邊隔離病房幾乎被黑暗和寂靜吞滅。我拐彎踏進偌大的主病房（大房），立時發現護士崗前的空間透光，燈火半開。那裏明顯有騷動。兩位當值的護士，趕忙的圍着病牀團團轉。她們剛從病房側的診治室取來兩包點滴，放在牀尾的桌子上，又推來盛住急救用品的小車子，停在牀邊。那是為急救作好準備。

張先生在牀上輾轉反側，似乎很不舒服。

我三步併作兩步的移近，瞄一眼牀邊的儀器，心跳110，血壓80-40，血含氧量偏低，情況不好，就走向牀側把握分秒加入戰場。他仍可處應我，我二話不說，先為他建立血管導管作下藥之用。

我高聲叫他，企圖喚回他的神志

他皮膚蒼白，雙臂冒出冷汗，這是休克和極度驚慌時的反應，在這情況下皮下血管會收縮，但幸好他的血管仍清晰易見，我一下子就安放好點滴，把維生液輸進他的血管中。

「霍醫生有單緊急的盲腸炎手術，叫你先處理這個，他一小時後到。」護士掛好一袋血漿，推開控制滴速的扭掣，懸掛着的黃色液體，本來一滴一滴的從袋子流失，頓時「滴滴滴滴滴滴」的連成一線，急速灌進病人粗壯的血管中。但情況並沒好轉，血壓讀數不停閃動，從80-40到70-30，再到60-30，心跳150，病人進入休克，神志迷亂。

「霍醫生吩咐，Adrenal 5 mg iv x 1。」霍醫生還在手術室，另一名護士在護士崗把情勢報告給他後，急步趕來，把一劑強心針推進張先生的血管。

「張進添，張進添先生。」我顧不了吵醒病房的其他病人，高聲叫他，企圖喚回他的神志。健碩的他，現在像洩氣的氣球，開始不安的活動四肢，企圖把點滴管子扯走，我用力按住他。

他的情況變化得很快，下午四時多入院，傍晚有人出院空出牀位，便把他轉上病牀。想不到才送上病牀，張先生就神志不清，血壓下降了。一小時前，他一度在牀上呻吟，告訴護士很不舒服，護士發現血壓和心跳都不妥。

「請問你是張進添的太太嗎？」護士提起電話，在護士崗提高嗓門問，生怕對方聽不清楚，聲音在沉靜的空間份外響亮。「請你儘快來醫院。張先生的情況有變，血壓偏低……」

急救期間，張先生一度按捺不住，喉嚨發出「咕嚕」的痛苦掙扎聲，「呀」的奮力甩開我按着的手，側身移向牀邊，像要下牀。正當我要防止他滾出牀邊緣時，他低頭向地，肚皮抽搐，「乞——」的嘔吐了。

你別走！你的家人還沒到，你要見他們！

我登時瞪圓了眼。那是噴射式的嘔吐，滿地盡是鮮血，伴着血塊，染紅了病牀的地面，濺得推車和護士崗上到處都是。那是張先生最後的動作。之後他像被徹底放氣的氣球，軟扒扒的躺在牀上，失去知覺。我卸下牀欄，跨上牀，跪在牀邊，「本能」地開始進行心肺復蘇的急救。

我規律而用力地按壓他的胸膛，又注射了三劑強心針，叫着他的名字，心在焦急的嚷着：「到底你發生了什麼事？你別走！回來，你的家人還沒到，你要見他們！」

我一直跪着，像向他、也向上帝哀求，我目光接觸到牀鋪和地面的滿灘鮮紅，像警示我某些無法逆轉的事實。我竭力地急救，發瘋似地把懂得的救人技倆都用上了，加大輸入的血漿劑量，但病人嘴角、牀鋪和地面的那灘殷紅，告訴我維生液只是杯水車薪，並不足以挽回什麼。張先生對我的呼叫毫無反應。

我眼中只有他佈滿汗珠的面龐、殘留血迹的嘴角、探測儀的讀數和地面的血塊。直至今天，那地面的血塊，和醫護人員急忙踏過後的血鞋印，或因走動留在地面的打轉血痕，仍如夢魘般深刻烙在我腦中。探測儀上的數字不斷閃動，張先生對我的苦苦懇求無動於衷，和探測儀的讀數同樣靜止，那維持直線的心電圖，告訴我他早離去了。

我努力了近一小時，家屬都到了，才放棄拯救，心有不甘的下牀……

我攤坐在護士崗，很累，白袍袖口沾上血迹，腦子像壓着大塊石頭，轉不動，發現已經深夜四時多了。病房助理開始清潔地板，揩抹地上的血迹，張先生的生命也從此在世上擦拭而去。

生命無常，幾小時前仍健壯的漢子，在毫無預兆下離開了。那三個留痰用的膠瓶子，仍舊放在那裏，嗤笑我們的無能救治——未及診治，他就這樣離開了醫院的治療體系。

我們相信，肺部的陰影蝕進食道的大血管，引致大量內出血死亡。

我和趕至的親友談了一會後，就填寫報告，護士收拾病牀，仵工一貫地送死者到殮房，家屬和看熱鬧的病人逐漸散去⋯⋯踏出病房時，天空一角已開始亮白，迎來新的一天。人走茶涼，生死兩忘。病房有太多瑣事，也有太多病人要處理，我和霍醫生談後，匆匆填上「死因醫學證明書」就完事，很快又在病房和門診接見新的病人。

他畢竟已離世，也離開了治療體系

不足半天，我就忘了張先生，他畢竟離開了這世界，也離開了治療體系，彷彿再與我無關了。中午，部門開會後，霍醫生着我先收回「死因醫學證明書」，把個案轉交死因裁判法庭，由病理科醫生安排解剖，研究死因。「看那陰影是癌症還是感染，真的蝕進動脈嗎？至少可以學習一下。」

查明病因，讓醫生從中學習，日後好醫治其他的病人，這是醫學院的教導。如此，張先生死後，並沒有即時割裂於整個醫療體系之外，仍需要在殮房研究死因。當我準備死因裁判法庭的文件時，當我告訴家屬關於解剖安排、到殮房接見病理科醫生時，我才確切的意識到，殮房內一批員工和病理科專科醫生，將接管張先生，以及所有在醫院離世的病人。

醫院發生的死亡，其實不如臨牀想像中的撇脱，仍拖着醫療的尾巴。死因研究需時，一個多月後我也轉去其他醫院部門，沒再跟進張先生的情況。我不清楚他真正的死因，但對於我，他仍留在我身邊，並沒走遠 —— 在餘下的行醫日子，每逢我遇上肺部呈陰影的病人，張先生的事，就會像沉在深海的船艦，從心中冉冉升起，敲我的後腦勺，提醒我加倍小心，及早診治。

張先生的魂，並沒有離開，又回到治療體系了。當我本以為張先生離開了我，想想其實是我闖進了他的死亡，之後又把他「喚回」工作場景之中，為其他病人診治。

嗯，生死原來並不如想像中割裂。

2.2 "I will never do harm..."

二十多年前在醫學的迎新營上，每個準醫科生都穿上一件黑色T袖，背後用紛紅色印上「希波克拉底誓言（Hippocratic Oath）」：

"I will never do harm to anyone. In every house where I come I will enter only for the good of my patients..."

（我不傷害別人。所到之處，只為病人福祉着想……）

這則醫師誓詞，規範醫生對病人、對社會的責任，流傳了二千多年，至今讀來仍鏗鏘有聲，值得每位醫生一再深思。

我們大概沒留意誓詞的開首，它是向着「醫神」Asclepius （阿斯克勒庇俄斯）發的 ："I swear by Apollo the physician, by Asclepius,... I will never do harm to anyone. In every house where I come I will enter only for the good of my patients..."

Asclepius被譽為「醫治之神」、「醫學之父」，在希臘神話中是最偉大的醫生，心腸慈悲，為病人不辭勞苦，擁有最高超精湛的醫術。

Asclepius曾經瀕死，卻被救活了，他本為人，卻被捧為神，出道比耶穌早幾百年，同樣具起死回生的能力。

「起死回生」，那是多叫人羨慕的神蹟！人們都對Asclepius推崇備至，每個醫生都以他為榜樣，希望擁有這權柄；每個病人都希望自己遇上「醫神」。

於是醫學院的學生努力讀書，學習診斷，加強醫治培訓，畢業後他們矢志為病人脫離痛苦，征服致命的疾病，漸漸地和那「免死」的權柄接近了。那些專門移植的醫生，把瀕死的病人救回來，賜予新生，相信是最接近Asclepius權杖的一羣。

移植後的病人，與常人無異，還參加世界移植運動會，成績斐然，體能比正常人更健壯，我除了為他們鼓舞，更為醫生的救治驕傲。

叫人免死的蛇杖，怎不令醫者嚮往

我也希望成為Asclepius，手拄他的長杖 —— 那杖充滿傳奇，杖杆纏着一條蜿蜒匍匐的長蛇。這枝象徵至高權威、叫人「免死」的蛇杖，怎不令醫者嚮往？它不正是醫療組織的代表麼？在電視台的醫療新聞中、救護車身上和許多醫學團體包括「世界衛生組織」的圖章上，都找得到。

但在醫科培訓中，我很快發現，幾乎所有治療，無論是藥物手術甚至一些簡單的檢查，都有其副作用，病人因此受到傷害。"I will never do harm to anyone" 幾乎是無法如願的事。愈積極進取的治療，為病人帶來身心的痛苦往往愈大。傷害和醫治之間，是微妙的平衡。

救回病人就好了，這是醫生的使命。

有次上課，一名城中赫赫有名的腦外科醫生授課，堂上分享了幾宗危急的腦出血和腦癌個案，病人手術後，撿回一命，活動、說話、記憶和容貌或許有損，但生活得不錯。對着一宗宗幾乎死去的個案，病人後來逐漸康復，我覺得這醫生很「神」。

臨下課時他語重心長的鼓勵大家畢業後投身腦外科：「腦外科是較冷門的專科，因為許多人怕辛苦。它的確要長時間培訓和工作，也有許多緊急的手術在深夜進行，令你生活大受影響。但這工作很值得，想想，你接觸的病人情況很差，神志不清，在最危急的瀕死邊緣找你動手術，如果你救不了他，沒多少人怪你；但如果你救回他呢，情況就很不同 —— 他和家人會把你當成 —— 神一樣。」

發免死金牌給病人，是醫科生的理想

作神一般的醫生，發一張「免死金牌」給危重的病人，是每個醫科生的理想。病人的傷害難免，但只要保住他的命，就有希望，是給他和家人最好的禮物。

於是我努力學習，曾經想像向醫神叩問：「我也能起死回生嗎？」

他沉默一會。

「你真的想要這能力，叫人免於死亡？」他問。

我向醫神點頭，想像自己也能救活遇上的病人，那該是多麼榮耀的事，這神一般的能力也該深受病人歡迎吧？

「人又怎麼能成為神呢？生老病死是常態，總得面對。」

我料不到Asclepius說出這話。

「和病人和他們家人一起正視死亡吧，這才貼近生命。」Asclepius若有所悟，像說一番深奧的道理。「In every house where I come I will enter only for the good of my patients... 不計成本救回生命，真的是病人福祉嗎？」

Asclepius頓一頓，讓我消化他的話，繼續說：「You are doing harm，小心會遭天譴的。」就開始講他一生的故事。

2.3 起死回生褻瀆生命

Asclepius出生， 是一個傳奇。他是人和神的後裔——阿波羅神和人類女子Coronis的骨肉，母親懷着他時，因不貞激怒阿波羅神，被放在柴火堆中行刑燒死，期間阿波羅神醒起腹中的兒子，剖開瀕死的母親腹部，取出Asclepius，把Asclepius救回來。

幾乎遭火燒死，卻在死亡邊緣被阿波羅救回來的Asclepius，沒有辜負這「撿回來」的生命，成了名醫，擁有慈心和超凡的醫術。出世時瀕死的經歷沒有讓他接納死亡，反而拄着醫杖，與死為敵。

由於醫治了無數病人，受到廣泛傳頌，無論到那裏都被市民熱烈追捧，他很快成了當時的「醫神」。

在Asclepius行醫初期，手杖上並沒有那條捲曲着、象徵無上權柄的長蛇。

蛇的出現，源於雷電交加的一刻。

一名男子被雷擊中，Asclepius到他家裏時，發現他已經死了。

Asclepius很懊惱，對男子的死亡既悲哀又無奈。死亡，是無論他醫術多高超，也無法逾越的禁地。

正當一籌莫展，一條蛇匍匐蹓進室內， Asclepius被蛇搞擾，心緒不寧，一怒之下揮動木杖，狠狠的把蛇擊死了。

過不久另一條蛇又竄進屋內，口含草藥，把口中的草藥放進死去的同伴口中。奇妙地，死去的蛇服下草藥後竟復活了。

Asclepius靈機一動，把留在地上的草藥餵給男子，不一會男子也同樣奇蹟地蘇醒了。

就這樣Asclepius擁有起死回生的能力，所到之處除了可以醫治病入膏肓的人外，還可以把人從鬼門關外救回來，醫療技術被推向前所未有的巔峰。

為了記念當初教他「起死回生」的蛇，Asclepius的杖上從此纏住一條蛇。而蛇杖，順理成章的成了醫治的象徵，代表至高無上的醫術，因而成了救護車和許多醫學組織的圖案。

盡一切可能挽留生命

這會是一件多麼令人振奮的事。人毋需面對死亡，因為即使死了，也可以逆轉救回來。

可惜直到今天，現實世界仍沒有人可以複製Asclepius的能力。作為醫生，我們只能拖慢患者邁向死亡，盡一切可能挽留生命。我們把瀕死的留下來，像阿波羅神不顧一切，英雄式地剖開Coronis的腹部，救了Asclepius一樣。

不顧一切的把瀕死的救回來，叫我想起幾年前的一名中年男子。某天，殮房運來了一名中年男死者，蓋在帆布袋中，正待放進儲存格。我經過，發現他右腿位置有明顯凹陷，移動遺體進儲存格時右下肢輕飄飄空蕩蕩的。仵工奇怪，打開帆布袋檢察，才發現整肢右腿髖關節以下都被截除了。

腰間的皮膚有明顯腐壞迹象。

男子一星期前右腳趾潰瘍，診斷為「壞死性筋膜炎」（俗稱「食肉菌」感染），細菌在皮下組織肆虐，來勢洶洶，破壞組織，無法單靠抗生素治療，為了醫治男子，外科醫生表示須把腳掌切除。

手術後情況不見好轉，細菌如洪流掩至，早沿皮下組織滲越了腳掌的閘門，擴散至腳踝，還有向上蔓延之勢，外科醫生當機立斷，為他再進行緊急手術，大刀闊斧的把左下腿齊膝切除。

可惜脂肪和肌肉間的隙縫像引水道，細菌沿「引水道」肆意擴散，男子受細菌感染併發毒血症，一直昏迷。

細菌比手術刀的速度更快，再次越過了膝蓋的閘門，一場爭分奪秒的生死較量展開。

抗生素的劑量已加無可加，病情仍不受控，男子又被推進手術室，這樣右邊盆腔以下的大腿也不保了。

三進三出手術室，又發現細菌沿股溝，迅速向陰囊和下腹散去，男子情況仍危殆，要救治便得把右邊肚皮和陰囊切割，所造成的皮肉缺陷，得從身體其他部位「割肉補瘡」。

儘管救治的把握不高，這卻是救命的最後希望。

一直切割下去，這就是救治精神嗎？

醫療的進步，可以讓醫生一直切割下去。但這就是救治精神嗎？醫生和家人商量手術的風險利弊後，最後選擇不再讓病人進行手術。

一星期後男子留下肚腹，放棄了生命。

醫療發展一日千里，技術日趨成熟，許多以前無法想像的複雜手術和醫治方法，都把曾在鬼門關前徜徉的病人拉回來。

醫生磨練醫術對抗疾病，站在生命的一邊，挑戰死亡。為了治療，我們「本能」地把生命抓得很緊，在死亡面前，生存是那麼的寶貴，叫許多的付出變為值得。於是醫生希望病人康復，積極接受治療，勇敢面對因療程產生的一切副作用。

漸漸地不少醫者忘記，除了治療，也需要和病人一同面對死亡，讓病人接受死亡，好好地離去。

當我們為精湛的醫術鼓掌，為卓越的治療欣慰時，會發現任何形式的拯救，都要付上代價。

我相信，如果不是那幾次的手術，中年男子保住了腿，卻會減少一星期的壽命。接受治療去換取生存機會，何時才是「值得」？如果你是末期病患的人，為了生命，你願意付出多少，投放多少金錢和精神，去換取幾個月或幾星期的生命？切除器官放棄活動能力承受身心痛楚，是你走向死亡前想要的生活質素嗎？要身體負荷多少、要完成多少心願，你才認為夠了，可以撒手離開？

至於醫生，如何判斷治療帶來的身體摧殘，是賺回生命、還是「延長死亡」？當我們和病人侃侃而談治療方案時，真的有能力分辨，這是生存的希望，還是虛渺的指望？醫生和末期病者的目標，除了對抗死亡，可不可以和病人同行，走一段「赴死的路」？

我羨慕Asclepius，崇尚醫神的蛇杖，追求他的醫治能力。他毋需面對我的掙扎疑惑，因為所有重病甚至死亡，在他面前都不堪一擊。

生命主權仍在上帝，人自大不了

可惜Asclepius始終不是真正的上帝，這使人復活、操控生死的能力，明顯僭越了職權，影響生命的更替，違反自然規律。

Asclepius這「醫神」，用他的生命告訴我們，生命的主權，仍在上帝那裏。人自大不了。

許多要死和已死的病人，都被Asclepius不顧一切的救回來。這些病人，是天神宙斯認為要進陰間的，卻在人間留下來，這大大觸怒了天神。

天神一怒之下，從天降下雷電，Asclepius被擊中，一命嗚呼。

諷刺的是，在雷雨日Asclepius獲得起死回生的能力，同樣的雷雨日卻紀念他的死亡。

最偉大、擁有起死回生能力的醫者Asclepius死了，他的權柄就無以為繼。

作為醫生，我們都無法承傳Asclepius，把病人從墳墓中喚回來。醫術如何高明，最終每個病人必須依循自然規律離開。

醫療的發展，成功地把死亡時間一再推後。不過，始終有一刻，醫療方案會節節敗退，當生命來到終結，尊嚴將是最重要的防線。殮房那患壞死性筋膜炎的男子，用他的肚腹提醒我，有一樣東西比醫治重要，是他和家人到死也在捍衛的。

尊嚴是死者和家人至死也不願放棄的。當他們來到殮房，我們不也該一樣為他們捍衛嗎？當你連生命也不要了，當你願意以死去交換某種東西，這東西就是一生中最寶貴的了。

殮房如果不帶給死者和家屬該有的關懷和尊嚴，是對他們某程度的冒犯。

殮房也該和病人和家屬，共同捍衛這至死也不能放棄的尊嚴。

2.4 反敗為勝T.L.C.？

要殮房體現尊嚴，得花點心思。

保衛尊嚴不是口號，必須具體的實現出來。在殮房，每天出入遺體，要履行對死者和家屬的尊嚴，有時並不容易。

因為我們對死亡的防禦機制，是那麼完美。

在香港，八成的死亡都在公立醫院發生，要處理好死亡，當然要從醫護説起。醫院每天都上演生離死別，但醫護人員，其實並不擅長面對死亡。

這聽來可笑，回想我在病房實習的日子，對於瀕死的病人，我只感到無助無奈。醫生是社會的天之驕子，多困難的考試也跨過去了，一路走來，我們都在征服 —— 我們如此的追求卓越。醫生和疾病，充滿爭競。我們破解疾病基因，找出細菌源頭，及早發現癌細胞醫治……久而久之，我們心底有份優越感，什麼都想贏，同時高舉醫治療效，於是我們難以接受，病人在眼前死去，也無法在病牀邊目送他們消磨離去。

在習醫的一段時間，我一直相信，活下去，成了醫治的最終目的。醫生是救人的工作，努力令病人活下去，和活得好一些。

死亡，在所有醫學研究中，只代表「失敗」。醫者嘗試延長生命，死亡順理成章的成了最可怕的敵人。死亡，這在醫學文獻中常和醫療失敗畫上等號的敵人妖魔，又有哪個「好勝」的醫生願意面對呢？當接受醫治的病人，正在自己眼前死去，會叫醫生多困窘。

瀕死的病人成了面照妖鏡，反映一個如此不堪不濟的我，叫一個經年成功的我，硬生生的要接受失敗現實。我不敢正視他們，打照面像根刺，提醒我醫療的窘境，刺痛我。

我不知道如何在死亡面前「反敗為勝」。

直到醫科四年級的一天，我終於有了答案。

那天早上我們小組到癌症病房學習，只見躺着不少末期病人，他們目光呆滯，瘦骨嶙峋，痛苦地呻吟，所有藥物治療都無效了。

救治總有盡頭

我們都明白，救治總有盡頭，人人都難逃一死。無論多麼努力，死亡還是發生了，沒人逃得了，每人都必須面對。這些臨終的病人，是潑來的冷水，冷卻醫治的熱情，也褫奪我作醫生的虛榮。我再次感到無力又無奈。

「教授，當病人藥石罔靈時，」在醫科第四年，我小組中一名醫科生問出我心中的掙扎：「醫生還有什麼角色？可以為病人作什麼？」

這該是不少醫科生的迷惑吧？卻彷彿沒多少人會問，教授的眼神明顯怔了半秒，馬上回復堅定，像從哪裏找來錦囊，成竹在胸的搬出一個理所當然的答案：「當所有醫治都失效時，我們還可以給病人該有的尊嚴——那叫T.L.C.。」

我們留心的聽，腦裏盡打着問號。

「T.L.C.，沒聽過？」教授見面前的醫科生一臉迷惘然，繼續：

「那是 —— Tender Loving Care。」

我瞪了眼，Tender Loving Care？淺白得很，又好抽象，有點虛無飄渺，像是什麼人文用語，稱不上「高階」的醫學名詞，感覺上很不專業。

Tender Loving Care，哪算是醫學治療術語？這該是醫學院教的嗎？和我所學的全然不同。

教授神態自若的微笑，露出一份超然的驕傲，只一句話就解決了大難題。

T.L.C.，感覺雖然有點奇怪，但一眾醫科生還是欣然接受了這「治療方案」，相信這是醫治瀕死病人的最終方法。

畢業後我在內科病房實習，每天都會經過那張病牀。病牀在病房的一隅，無聲無息，像棄在路邊等待回收的垃圾。

那刻找不到自己醫者的角色

已有兩天沒走近這病人，我輕輕打開布，想看看病人的情況，或許更貼切些，看他死了嗎？那刻我就可以履行醫生為病人的最後職責 —— 證實死亡，和簽發一張「死因醫學證明書」。

曾見過不少瀕死病人，但每當走近，我仍有說不出的悵然。

男子側身躺着，眼睛和頰骨深陷，皮膚蒼白而乾癟，薄薄的皮膚包裹骨頭，手臂骨頭的凹凸地標一一呈現，像我幾年前學解剖課時的人體骷髏。病人軟弱的攤在牀上，被子被推在牀的角落，一半還垂到地上，和他一樣被遺棄的樣子。一道尿管從褲頭引出，尿袋內是幾十毫升的深褐色液體，也是孤伶伶的，相信許久沒喝水了。

男子身體散發一股酸澀腐朽的氣味，是混雜體臭和排洩物的味道。他嘴巴半張開，下唇乾燥而龜裂，雙目無神放空，見醫生走近，眼角漠然地瞄向我，眨一下眼睛，算是虛應過去，就再沒有多餘的興致和氣力。

我本想和他打個招呼，但話卡在咽喉處，對着一個沒能反應、垂死的軀殼，心想任何説話都如一顆投進深井的石頭，拒絕回應。我想問他痛嗎？身體有哪裏不舒服，需要加強止痛藥嗎？……作為醫生我總愛問問題，但見他疲憊不堪眼皮沉重的模樣，又懷疑這樣巡視他問他，對他是否是種騷擾？

我望他好一陣，找不到合適的問題，更想不到安慰的話。對着其他病人，我習慣告訴病人化驗結果、藥物反應，或病情預測等，「今天精神不錯呢」、「吃藥後肺的情況改善了」、「如果檢查報告仍有好轉，明天可以出院」等，但面對一個等待死亡的病人，這一切都不管用了。我該説什麼作什麼呢？那刻我找不到自己醫者的角色。

相對無言，我顯得笨拙。由於無能力幫助他，心裏有種歉疚。藥石罔靈，除了承認醫治失敗，還能在牀邊幹什麼？我有些慚愧。在如此瘦弱的人面前承認自己的醫療失敗，再無法幫忙，是很丟臉的事。我想速速離開。

我停留片刻，分不清是抵不了氣味，抑或受不住那種無力的感覺，沒作什麼就走開了。

腳步把我帶到一些更值得「醫治」的病人去。「嗯，今天心跳好多了，覺得怎樣？……」我重拾醫者的身分，感覺好些來。

病房有人滿之患，須迅速理出治療方案

仍記得一星期多前的早上，接近中午時分，傳來高級醫生急促的跫音，經過護士崗時，我們兩名病房的實習醫生，馬上和護理人員緊緊隨後巡房。

護士、實習醫生和主診醫生，在每張病牀前報告病情進展。病房有人滿之患，必須迅速理出治療方案，於是出院的出院，需要轉介其他部門的也儘快安排。來到一張病牀前，牀上坐着瘦骨嶙峋的中年漢子，背後的枕頭墊住身軀，吊上點滴，葡萄糖水稍然的灌進手臂的靜脈。男子戴住氧氣罩，有氣無力，發出深沉的「呼呼」聲，掙扎着吸取空氣中氧氣。

「五十三歲獨居男子，末期腎癌，癌細胞擴散至淋巴腺、肝和肺。由於食慾下降，暴瘦，全身疼痛昨晚入院。」實習醫生報告。

高級醫生一邊掀動紀錄病人體溫心跳血壓的排板一邊問：「進行了檢查沒有？」

「肺功能很差，右肺呈石硬化，今早抽血檢驗肝腎功能。暫時禁食，給予氧氣，一天檢查血壓心跳四次，稍後安排照X光。」

高級醫生眉頭一皺，來到牀尾處，望男子一眼，打開病歷，速讀一遍，翻到治療方案最新的一頁，從衣袋抽出鋼筆：「這是你的診治方案？」他壓低嗓子對實習醫生説，帶着教訓口吻。

「不用了。」他在板面大刀闊斧的來回掃幾下，像對住不堪入目的塗鴉，非要表達不滿般，一口氣全部刪去。

在空白地方寫下幾個英文字——

DAT（Diet As Tolerated）「喜歡吃什麼都可」

Off Drip「免除點滴」

No Blood Taking「不再抽血」

BP/P B.D.「每日兩次檢查血壓心跳」

然後，筆尖像是為什麼總結似的，有力的刻上：「T.L.C.」

Tender Loving Care？不就是瀕死前的「治療」嗎？

揮揮手沒移近就巡房完畢，轉身離開

高級醫生一走開，「T.L.C.」像有魔法，呼風喚雨般引來騷動，護士走近病人，拔除點滴，把懸在牀頭的禁食牌除下，換上「隨意進食」的，還在牀尾煞有介事的掛上「T.L.C.」的牌子，又把牀的輪子扣打開，牀被推了出來，離開近護士崗的位置，轆轆的移到病房的一角。

從那刻起，那張牀就被布簾團團圍上。布簾是個孤島，孤島裏躺着的男子，徹底地與世界割裂。

病房總是繁忙的，這布簾內是一片淨土，彷彿與世無爭，又像被徹底遺棄。護士經過，無聲無息的放下幾顆止痛藥就走去旁邊的病牀喊：「阿叔，打針吃藥啦。」病房助理也掀開布簾，放下一碟有飯有肉有水果的盤子，不久後又原封不動的收回來……

高級醫生巡房，走到病房的角落，眼角瞥見布簾就若無其事的總結：「T.L.C.個案。」揮揮手沒移近就巡房完畢，轉身離開。

是「T.L.C.」太廉價，隨便吐出這口號就完成對瀕死病人的照顧？還是它太奢侈，永遠只是個烏托邦，無法確切實踐？

讓末期病人得到「T.L.C.」，有尊嚴地離世，是個大課題。

如病情無法逆轉，不如早讓病人離開

在醫生的眼中，尊嚴的分量有多大？二零一四年在歐美有項關於醫生對死亡的問卷調查（註），成功訪問了超過二萬一千名醫生，其中問及是否支持為末期病患者處方致命藥物讓病人安然離世時，有超過一半的醫生認同這種「安樂死」，理由是末期癌症和嚴重腦退化等病，褫奪人的尊嚴，如果病情無法逆轉，不如早讓病人離開。

註：Medscape Ethics Report 2014, Part 1: Life, Death, and Pain. http://www.medscape.com/features/slideshow/public/ethics2014-part1?src=emailthis

救急扶危，專門拯救生命的醫者，不少也認同，活着，要活得有尊嚴。尊嚴，來得比生命重要。在延長壽命的時候，不可忽略生命的質素。

尊嚴，無論在病房在殮房，生前或死後，也得維護。

在殮房談死後尊嚴，説是容易，實行起來卻有點弔詭，因為容易墮進所謂的「死亡陷阱」。

病情到如今，要打算一下，將來死後去的地方了

Vincent電話響起，出院手續已辦妥，車子在正門等他們。

「在這樣的醫學教育下，難怪很少醫生會和我談死亡的事。」Ruby站起來，抖一抖衣服。

「他們也許不忍心，也想你更積極面對疾病。你還那麼年輕，又剛做媽媽，很難開口呢！誰知道你對死亡百無禁忌！」我白她一眼，為醫生辯護：「況且你身體尚好，誰狠心和你談死？」

Vincent把iPad收起：「醫生和病人談死，病人會以為醫生治療能力不逮 —— 那醫生根本在趕客。」

「嘉薰，你也別醫醫相衞。上兩個月我去看私家的腫瘤科醫生，他明知我末期乳癌，標靶藥沒用，還嘗試說服我安排肺和肝手術，又說某新的化療藥好，叫我立刻入院化療，會救我。」

我清楚，這是常見情況，醫生都太習慣醫醫醫。治療五花八門，不少仍處於實驗階段，成效存疑，選擇哪一方案對末期病人來說既是負荷，又很難切合需要。

而有的病人，像Ruby一樣，疾病已夠苦了，不想再承受醫治的苦痛。

「我粗略計算，整個療程超過一百五十萬，又要入院捱刀捱針，我一口拒絕。我死了，也想留下些錢給家人呀。」

Vincent拍拍Ruby肩膀，像叫她別激動：「我和兒子沒問題，我的

工作很穩定，錢你不用擔心，我只想你過得舒服些。外面氣溫轉涼，穿上外套吧。」

Ruby穿上外套，戴上帽子說：「我記得一個月前去看一個私家肝臟外科醫生，他上網登入我醫療紀錄，清楚我病情。你知道他和我說什麼？他說，我的情況並不好，無法進行手術根治，是時候問什麼事情現在對你最重要，爭取時間把它們作好，和約想見的人。」

「說得好白啊！」我感意外，很少醫生願意如此直接。

Vincent插嘴：「她當時哭得很厲害。」

「我不是因為知道要死了，而是那醫生明白我需要的東西。這訊息很踏實，再清楚不過。我很不喜歡那種明明你已末期、要死了，每個人卻在身邊說你會好的，叫我別提身後事，把一切蓋起來，像沒事會發生……那很累人。」

「我打睹，那醫生說了這話後，以後你們就沒再看他了！」我打趣說，大家哈哈的笑……

Ruby離開病房前用消毒酒精揉搓雙手，意味深長的望着我：「那醫生還說，病情到如今，要打算一下，將來死後去的地方了。」

「嗯？」我們又笑了。

Chapter 3
死亡路上，生死並蒂

也會麻木嗎？當然，容易得很

Ruby今天來醫院覆診。

由於體重下降，她打算進食加營素，補充營養和增加體重。我幫她在醫院買了兩罐，趁中午時分送去門診部給她。

Ruby已被轉介腫瘤科的紓緩治療科，診所沒腫瘤科專科門診般擁擠，室內也沿用家居式設計——有沙發、檯和椅，牆上掛有壁畫和盆栽，書刊的擺放也很隨意，垂直的窗簾讓陽光透進來，連醫生的診療室也像是大宅的房門……門診提供較舒服的環境，紓緩末期病人不適情緒。

可惜今天有人滿之患。已是午飯時間，門診內坐滿了仍在等待的病人和親友。我來到時，Ruby和朋友坐在長沙發上，長沙發的病人和親友移動後就騰出空間讓我坐下。

「謝謝，嘉薰。」她接過加營素，朋友主動為她挽住。

「等了很久了嗎？」

「一點。香港的公共醫療，這價錢這環境，已很好了。」

「這門診的成立經費，是靠有心人捐助的。」

「畢竟人要死了，還有這服務。我很滿足。」Ruby總是一個充滿感恩的人，在困難中很少自怨自艾，到處怨懟。

我問她為什麼可以如此豁達，她一笑置之：「或者是信仰吧？人生就是如此，還有很多人比我更痛苦。其實我也不很差——乳房手術順利，康復很好，還能走動，也遇上不少好醫生和天使。」望身邊朋友一眼。又在數算恩典了。

她是個好病人，樂觀面對病情。因為她的樂觀，令身邊人也不致終日愁眉苦臉。

我把她的笑容牢牢記住，希望日後當我同樣經歷苦難時帶着它。

「人真多，餓了嗎？」我環顧四周，擔憂Ruby要等到何時。

「才不。其實這些醫生，每天面對着這麼多末期病人，會麻木嗎？」

我不知道。但我清楚，每天被死亡圍繞時，容易失去對生命的觸動。

「你呢，整天出入——」她顧念四周病人感受，把「殮房」兩字收起，「那裏，也會麻木嗎？」

「當然，容易得很。」我告訴她。

3.1 後樓梯的麻布袋

病理科醫生被稱為醫生的顧問，超過七成的疾病，病房的醫生都需要病理科醫生的協助，才可為病人提供適切的醫治。

完成實習醫生階段後，我申請入病理科最大的門派 ——「解剖病理科」培訓，雖和病房的醫生同樣叫「臨牀醫生」，但解剖病理科醫生工作的地方，多是實驗室和殮房，從顯微鏡下和解剖刀中尋求診治方案。因此接觸的，多是死人和防腐的細胞，很少接觸活生生的病人。

從接觸病人，一下子轉去探究沒生命的細胞和死人，初時也感迷惑，心理上需要好一段時間適應。記得當我把工作的性質告訴母親時，她「噢」的一聲，問：「你不再當醫生了？」

她也許對了。我不醫生，而是醫「死」，這感覺在殮房尤甚強烈。

常說死生隔鴻溝，無法逾越。踏入殮房，圍繞你的，是一個個離開生命已遠的軀體。第一天上班，當我站在停屍間的走廊上，左右的兩堵牆，滿滿的是井然排列的四方儲存格子，格面都插上紙牌，用粗體的筆寫上名字和身分證號碼，格內裏安放了差不多一百具冷藏着的遺體，感覺冷漠而疏離，荒涼得像身處墳地，很不真實的世界。如果是病房，迎着這一大羣病人，會是多紛擾喧鬧啊！但那刻，病人漠然而沉默的躺下，無言無語，沒有要求，環境出奇的安靜。

這就是死寂的世界。

每具沉默的軀體，並列而睦，出奇的相似。

死亡很公平，對每人都一視同仁。

殮房也不偏袒任何人。每具遺體都分配同一大小的空間，這十三點九平方呎的「實用面積」，是人最後的居所（註）。

遺體在這裏，徹底的沉默，徹底的抽離，任人擺佈。

啊，這就是殮房，這就是死亡了。

那是十多年前的事吧？我剛完成解剖，走出解剖室。當時有家屬認領遺體，高大的殮房服務員走進停屍間，來到櫃前，使勁打開櫃門，抽出層架，上面安放着一個米色的麻布袋（當時用麻布袋存放遺體仍很普遍，後因衞生理由已改為膠袋），麻布袋口被紮起來，布袋的邊緣滲着黃啡色的體液分泌——這並不罕見，遺體在搬運過程中，體液會由口鼻、肛門或尿道排洩出來。

麻布袋在推牀上晃動，有如運貨

殮房服務員核對身分後，用力把麻布袋往側一拉，輕描淡寫的就「過了牀」，把遺體卸到推牀上，「咕嚕咕嚕」的把布袋推出停屍間，動作很純熟，像重複過幾百次的樣子，漫不經心的就完成一件差事。

殮房服務員的背影漸去，麻布袋在推牀上晃動，我望住布袋，有如「運貨」的感觸：殮房服務員成了搬運工人，把一袋物品搬來搬去……我腦海突然冒出嫲嫲的身影。

嫲嫲因長期病患，呼吸衰竭在另一間醫院離世。那天認領遺體時，

註：殮房的遺體儲存格，面積約為56（闊）x 220（長）厘米，高度則約31至50厘米。

只見殮房職員核對身分後，把包裹遺體的布袋推出，想交給我們。當天有好幾個家庭等待領取遺體，職員見沒地方，也許又要趕着收回推牀再用吧，就托着盛遺體的木板子，「呯」的一聲把板子放在後樓梯的地上，等待運走火葬。

把遺體放在後樓梯的地上，令我意外，像棄置什麼似的。我突然醒起，殮房也是處理醫療廢物的地方，手術後的截肢、病理檢驗後的器官，也會經殮房穩妥交由承辦商火化。

裹屍的袋子放在梯間，像等待回收的垃圾袋

我嘗試壓抑「遺體 = 醫療廢物」的想法，但那裹屍的袋子，放置在樓梯間，仍像等待回收的垃圾袋子。我想，顛簸中嫲嫲怎了？會不會好受呢？……

嫲嫲斜躺在樓梯的轉角處，親人蹲下來為她抹臉，整理儀容。樓梯很窄，期間有幾個人經過，把我們正想宣洩的情緒打斷，我還不時要站起來騰出空間，讓路人閃身而過。

這幕情景一直烙在我腦中，現在經過陰森的後樓梯，腦中有時也勾起這一幕。

我所任職醫院的殮房，每年需處理超過二千具遺體，殮房服務員周而復始的運送遺體，習以為常容易令人麻木，但每個家屬，處理死亡的經驗卻是獨特而深刻的，很難忘懷。

望着殮房服務員離開停屍間，想起嫲嫲，我不是味兒。一方面作為同事，我明白服務員的工作性質，不容易叫他們「易地而處去體會家屬的感受」，另一方面又想拉近殮房工作和家屬的期望。

那是一個很大的落差，有什麼辦法拉近距離呢？

3.2 人都死了

站在遠處，抽離自己望向殮房。人容易論斷，生前死後人人都要受尊重，但當你設身處地，一不留神就容易被「死亡陷阱」套住。死亡鋪天蓋地，輕易把熱誠噬滅去。

於是，你開始麻木，也開始漠然。出入殮房，最大的感受，是覺得這是一處失落了生命的地方。殮房像生命的黑洞，留在這裏，不消多久，你對生命的敏感容易被吞噬，「逝者已矣」、「人都死了」是很直接的感受。

幾年下來，我進行了數以百計的剖驗，千篇一律的把軀體從儲存格中取出、推進解剖室，驗屍解剖後，又送返屬於遺體的冰格……他們是如此弱小，彷彿任由我們搬來運去，探進身體為器官進行各種檢查……

出入解剖室，我和殮房服務員沒多大分別，技巧無疑進步了，卻像是儀式多做後，變得虛有其表，失去深層的感覺。

我也成了個「外強中乾」的一員。

那天，我正剖驗一個四歲的小童。

小童腹痛，深夜入院，未及詳細檢查，病情已急轉直下，入院不足十二小時就離世了。

死因不明，要在解剖桌上了解真相。

和我一起研究死因的，是兒童外科系的高級醫生。

刀鋒掠過，我剖開小童幼嫩的肌膚，探進腸胃檢查，正當我步步逼近真相時，高級醫生口罩上的眼睛卻半開合一下，神情緊張的嘆口氣。

「陳醫生，真的好可怕。」他慨歎，雖隔着口罩，我仍從他眼神中看到不安。

開刀，對這極富經驗的外科醫生來説，應見不少吧？血淋淋的器官，他每天都在手術室內遇見，還有什麼叫他恐慌呢？

剖開器官時沒血液湧出，就太可怕了

他看出我的疑惑，苦笑：「如果我在手術檯上，剖開器官時沒有血液湧出，就太可怕了。」

我明白他。他站在生命的一邊，病人的心臟仍在跳躍輸送血液，任何大動脈的破口都會像噴泉般湧出血液。當時我只是笑着回敬：「如果我解剖時看見血液湧出，才真的嚇人呢！」就把事情帶過去了。

那男孩的死因，證實為「腸套疊」（Intusseception）。那是兒科的急症，多發生在三個月大至六歲之兒童，近端的腸子如反轉的襪子套進遠端的腸子內，造成腸阻塞。

由於男孩未能及時入院，延遲診斷和治療，套住的腸子已壞死和穿孔，併發腹膜炎，造成休克死亡。

解剖完畢，我釐清死因後，再次想起高級醫生的話。

同樣的血液，我和他站在生和死的視點上，竟會有如此截然不同的領悟和感受。我一直留在死亡的這邊，習慣了，就容易忽略流動的生命。

這讓我發現，經過千錘百煉的剖驗後，自己不經覺地離活着的生命，原來已經很遠了……

不斷的解剖培訓，叫我的目光專注死亡。

就這樣，我跌進「死亡陷阱」。

3.3 活着的屍體

在殮房工作，很快我也認定，這是一個處理死亡的地方，生命再與我無關。

於是，我遠離生命，拿起冷冷的刀，站在死亡這一邊，揭開死亡真相。

幾百個死者，一直耐心地、沉默地，容忍我這種漠然和無知。

直到一位老婆婆，用她默然軟弱的軀體，給我一記當頭棒喝。她告訴我，在殮房看待生命，並不總是站在死亡線外端詳，你也可以真正的去感受什麼是活着。

那天清晨，我如常上班。用過早餐，秘書走來告訴我，一名七十多歲的婆婆剛在清晨離世。我查看病歷，知道婆婆早上精神良好，本來坐在椅子上看電視，被發現時身體傾斜，頭部下垂，像酣睡一樣無聲無息的離世了。

醫生證實死亡，護士也馬上通知家人，為了解情況，家屬簽下解剖同意書。

那天早上我的工作，便是解剖，研究死因。

我翻查病歷，死因並無可疑，估計婆婆的死亡，多由突發性心臟血管栓塞或腦中風引起。這種解剖，對當時已富經驗的我說，並不困難。

婆婆剛從病房送來，安靜的躺在有點冰冷的銀色解剖桌上。

她很瘦弱，雙腿向內彎曲，皮膚鬆弛，臉上掛滿深刻而錯綜的皺紋，安詳躺下，對世間事不聞不問。

她像以前所有我接觸的死者一樣，對我加諸身上的一切，毫不反抗，毫無反應。死亡，令每個人成了弱者，我恍如強者般站在生命的那邊，挑戰死因。

生者和死者，在殮房裏存在着微妙而不平等的關係。

跟以往的剖驗一樣，我站到屍體旁，先作體檢，準備移動她手腳和身軀，評估屍僵程度。

體溫！那跟常人無異的溫度

當指尖甫接觸婆婆的身體，一股電流激盪，我的手迅速縮回來，心格登一下，人不其然後退半步。這股電流，叫我怔住半秒，一向強勢的我，像隻奮勇直進如取如攜的野豹，突然發現暗藏的危機，煞停了步伐，出現一刻的猶豫。

體溫！那跟常人無異的溫度，倏地從指尖傳來。這溫度，像觸碰身邊的每一個人！雖只是輕微的觸碰，我確切感受到，婆婆皮下肌肉的鬆軟，不帶半點僵硬。

這身軀溫暖柔軟，太不像死去的人！這異於常態的發現，令我停下卻步，怯懦又不安，像遇見一宗無法理解的詭譎事。

我望向婆婆，再次端詳她，腦子發麻。我被技術性擊倒，變得畏怯，原本強弱懸殊，一下子均勢拉近了，須臾，我鼓起勇氣再次踏前，按捺心底的疑惑，誠惶誠恐的在殮房裏作了一件至今也沒重複過的檢查。

我竟然把指尖輕輕按住婆婆手腕的脈搏，又壓向她頸部的大動脈良久，確實沒感應任何的躍動，才説服自己繼續剖驗下去！

這只在生的大地才會進行的檢查，竟在殮房發生了！

我稍稍放心，繼續完成剖驗前的體檢。我舉起婆婆的手，她肩膊胳臂和手腕關節，竟活動自如，而那皺紋密佈的手，輕柔地放在我的掌心上，像握着我的手，甚至當我翻轉婆婆身體檢查背部時，還沒有屍僵的身體不如木板般硬挺，竟是如此柔軟，婆婆是沿着腰扭動身軀了。

婆婆「溫柔」地嚇我一跳

溫暖和柔軟的身體，對經常進出殮房和剖驗的我來説，詭異又陌生。我處理過的屍體，都曾放進儲存格，待在攝氏四度的溫度下久了，身體會變得僵硬而冰冷。久而久之，每次踏進解剖室接觸遺體，我早忘了這人類正常不過的溫柔！

而婆婆，當天早上離世後，直接從病房送來解剖室，沒放進儲存格，在短短數小時內屍僵仍沒形成，就「溫柔」地嚇我一跳。

解剖室內，我從未感受到與生命如此親近。那個早上，剖驗着婆婆身體的各器官，當雙手探進胸腹，或把器官托在手上時，那微暖的溫度令我全身發毛，雞皮疙瘩，早餐一直在胃裏翻滾……

一邊解剖，我的心一邊卜通卜通的跳。啊，我不單離生命很近很近，簡直是感受死者的「生命」了。

原來在殮房也可以接觸生命，且是叫人既震撼又感動的事。

我們常說，「死亡時間」是道無法逾越的鴻溝，分隔着生的大地和死的荒原。但婆婆用她瘦小的血肉之軀，把生死的大道理橫亙我眼前——她「活生生」的啟導我，生死之間可以模糊弔詭，只是在殮房我們一直忽略了它。

別把死亡看「死」了，即使在殮房裏，也不要忘記，生命仍在。

3.4　停屍間有「人」！

在殮房辦公室，我正和殮房主任討論一些事，原本寂靜的停屍間，倏地傳來叫嚷：「曾先生，我是外科的李醫生，現在為你縫針。」

嗯，我覺得奇怪，怎麼停屍間會有人高聲説話，像在動手術？

我走進停屍間查個究竟，見不遠處殮房服務員剛把一具遺體從儲存格取出，放在推牀上，旁邊站着外科部的李醫生。

員工打開裹屍袋的拉鏈，拿起毛巾，輕輕揩抹遺體的面容和腹部——遺體在運送途中，有時體液會經鼻孔嘴角尿道流出，而腹部的傷口，也會滲出腹水，殮房員工看見，會儘量為死者清潔。如發現遺體上留有導管或點滴時，也會儘量移除，以保持完好儀容。

有些時候，當身體因移除導管後出現礙眼的小傷口時，我們也會盡力把傷口縫合，但較為複雜的手術傷口，就需請外科醫生幫忙了。

殮房服務員見我在不遠處佇足，走近小聲説：「醫生要為死者縫傷口。」

「要勞動外科醫生，傷口該不小吧？」我問他。

「不，只是外科醫生曾答應家屬為死者縫好傷口，就……」

原來男病人生前因腸壞疽，病情危殆，接受了緊急手術切除部分大腸，手術時發現腸道不宜接合，需分階段待病情穩定後才再進行接駁手術，於是醫生暫且把腹腔的傷口打開蓋好，送進深切治療部，等待第二輪縫合手術。

料不到病人未及等待，就在深切治療期間離世了。

李醫生戴上手套，把掩蓋傷口的紗布除去，腹部的缺口像張開的拉鏈，讓我們看到腹腔的腸胃，李醫生打開帶來的工具箱，取出針線，一針一線的把「拉鏈」縫起來。

腹部回復原貌。

完成手術，李醫生用紗布清潔縫合的傷口，對病人高聲說：「曾先生！縫好了！」

員工向我噘嘴，扮了個鬼臉，眼神流露稀奇，彷彿在說：「何必多此一舉？人都死了……」

處理遺體和解剖時，不會和死者放聲談話

我站在不遠處，初時也覺突兀，這太戲劇了，從來在殮房，我們處理遺體和解剖時，都不會和死者放聲談話的。

但望着想着，我開始欣賞這外科醫生。

在病牀邊，作每項檢查治療，我們都會嘗試和病人溝通，叫他了解同意。但在殮房，對於死去的病人，一切都像不重要。因為大家知道，病人毫無知覺，聽不見，也毫無反應。

「人都死了」。

於是我們都習以為常，用「都死了」的目光檢視一切，恍如強勢般

高高在上，凌駕不再發聲的弱者；由於太意識這是具屍體，就容易被蒙蔽，忽略他們曾是有血有肉的生命。這種態度難以帶來尊重。

在殮房工作，當然毋需整天哭喪着臉悲天憫人，但是如果把角度從死亡移開，讓眼光聚焦生命，很多事情會變得不一樣。

李醫生在我們面前，親自示範什麼是「雖死猶生」。

如果讓眼光聚焦生命，當你為死者清潔儀容時，不會因為「人都死了」，就隨隨便便。

如果讓眼光聚焦生命，當你想隨便放置遺體時，也會想想，這遺體也是人。

邀請親屬核對遺體時，也不會優越而抽離的説：「請核對死者身分。」或「請看這屍體是不是你父親？」因為你從不如此稱呼接持人。你反而問：「請核實他是否你父親？」

謝謝你，李醫生，在殮房為我上了寶貴的一課。

對，「雖死猶生」，也是時候，喚起殮房對生命的醒覺了。

二零一一年，英國發表了一項「殮房服務在醫院」的研究報告（註）。

報告指出，殮房自成一角，服務卑微而隱蔽，其中一個重要原因，源於「人都死了」的觀念——人一旦離開，就脱離醫療系統，令殮房服務孤立，失去重視。要改善殮房對遺體的尊重，提升殮房服務質素，讓殮房「走出去」與醫院其他部門發展接軌，必須讓殮房擺脱這「死亡」的框框。

註：Komaromy C & Woodthorpe K（2011）. Investigating mortuary services in hospital settings. http://opus.bath.ac.uk/22612/1/Woodthorpe_Mortuary_Services_Report_2011.pdf

生和死，並不像銅幣的兩面

如何擺脫呢？報告提出一個重要概念 —— 把「死去的人」和「遺體」，看成「病人」。死去的人，仍是醫院一分子。

把遺體當作病人看待，可提升對逝者的尊重，殮房服務也不再與醫院割裂，且更貼近社會期望。

這種面向，正和李醫生「雖死猶生」的為曾先生縫針，同出一轍。

殮房，要在死亡中，確認生命存在。

死亡和生命，在殮房並不兩極，更像兩生花。

相傳的「兩生花」，開在「生之終和死之初」的路上。植物一蒂雙花，兩朵花背向而生。 兩朵花源於一蒂，該親密無間，卻互不相對，一朵向陽，一朵向陰，一花向生，一花朝死。只是當花期將盡的時候，本是同蒂而生的兩朵花，會同時移動花瓣，轉身朝同一方向，彼此相向親近。

殮房，是每人離世時必到之地。它是死後的第一道門，「生之終和死之初」的地方，仍存留對生命的依戀。在這裏，生命和死亡，很親近，像兩生花一樣連結相遇。

殮房如蒂，生死兩生。

生和死，並不像銅幣的兩面，非生則死。

生命，從來沒有被死亡拒絕。為什麼要遺忘它呢？

生命是鑰匙，帶殮房從陰暗迷局中，走向光明。

我也要前走，打開殮房的一道門了

覆診完畢，我陪Ruby和她朋友去的士站。

「真不好意思，阻礙你吃飯。」Ruby看錶，一時半了。

「你回家要多吃東西啊！飲些加營素補充。」

的士站大風，Ruby拉起外套領子。她中小學時曾是運動健將，現在顯得弱不禁風。

「我總相信，任何事情都有兩面。殮房不應只顧屍體出入，該也看重死者的生命，關心親友感受。」

「你也覺得殮房應把目光放在死者和家屬的生命上？」

「當然，這對死去的病人和家屬都是一份尊重，就是什麼……生死兩安了。」

「真好！有人認同。」

「竟有人不同意嗎？」

我不肯定她的話，是反問，還是追問我。

的士來了，我們踏前一步。我沒多加解釋。加強殮房對生命的關懷，涉及資源的分配、員工的培訓教育、工作量的安排、責成的制度、「不做不錯」的觀念……種種限制，都容易消磨改變的心，為轉變帶來壓力。

Ruby邁步向前，打開的士門，鑽進去。

同樣，我也要前走，打開殮房的一道門了。

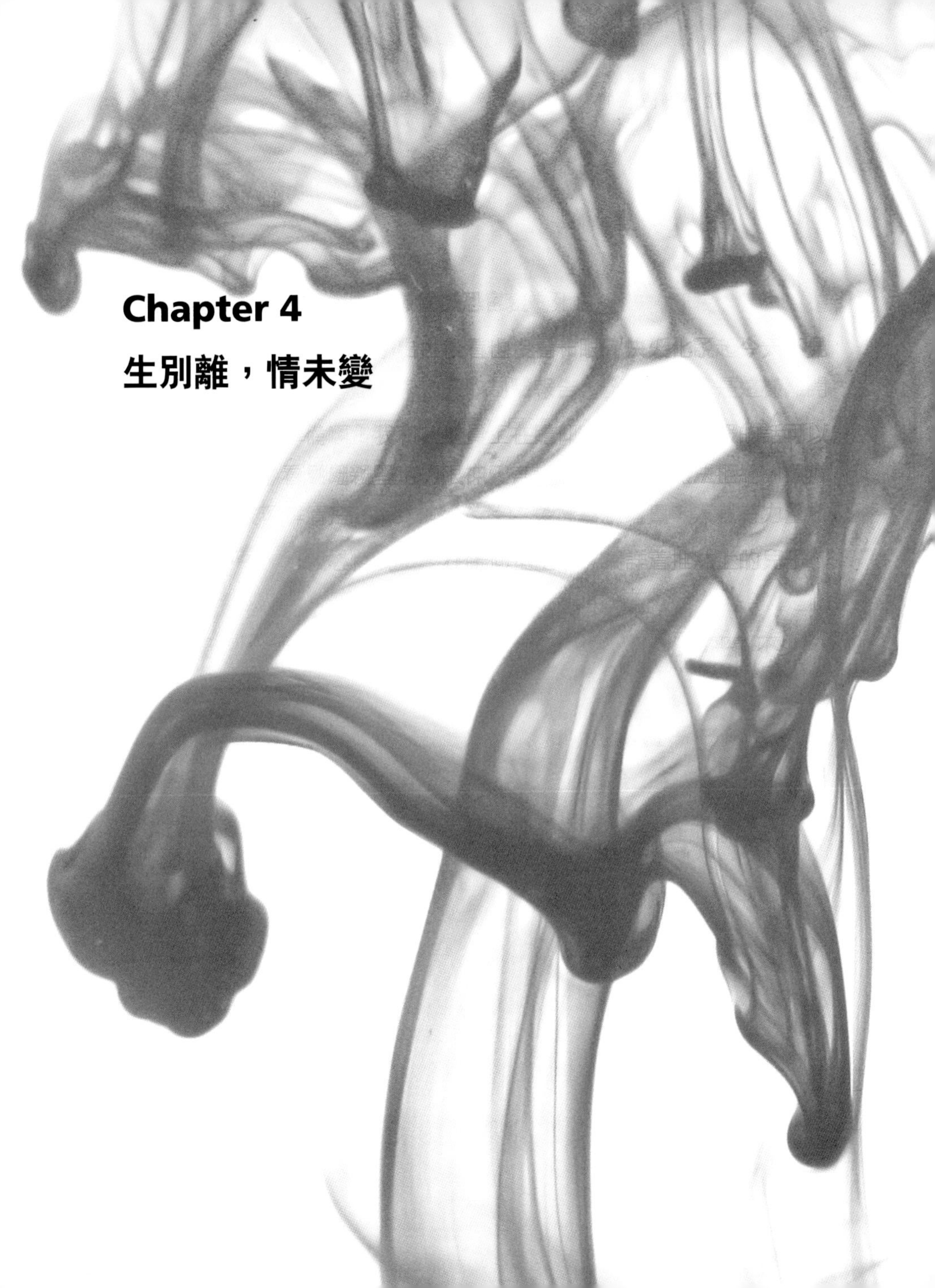

Chapter 4
生別離，情未變

冰冷、陰暗、了無生氣，這都是傳媒描繪的形象

我和Ruby是小學同學，畢業後很少聯絡，只在幾次畢業生周年聚會中見面。

想不到一場大病，讓我們見面增多，彼此認識加深了。

我們多在醫院的探病時間匆匆一聚，我們都笑說，怎麼在醫院見面時間的總和，會比畢業後相見的時間更多。真的不想再在醫院見面了。

出院後我不會打擾她珍貴的家庭時間，她該有很多想見的人，想完成的事。

她知道我在同一間醫院工作，一直沒找我。肺部腫瘤的病理報告，確定為乳癌轉移後，她發了帖WhatsApp給我，告訴我情況，不為什麼，只為通知朋友，也諮詢一些病理意見。

收到Ruby的消息時，我很驚訝。死亡，往往逮個人措手不及。

出院後我們不時WhatsApp對方，說東說西。她無時無刻都「在線」似的，有時我問候幾句，她答，再說，馬上覆，我回應，又收到帖子……像皮球來來往往，她總像在爭取帖子的最後發言權。我喜歡這狀態，來來回回的訊息告訴我，她精神不錯。

兩星期後，她情況又不理想，氣促多了，腸絞痛也較頻密，令食慾再次下降。

談起加營素，她告訴我：「那是很難吃的奶粉，把僅有的食慾也抹煞了。」附加一張沮喪的表情符號。

除非迫不得已，她堅持不入院，以爭取更多私人時間陪伴家人。我沒強迫她。這幾天她回帖子的速度明顯慢了，甚至要等上半天才讀取，情況叫人擔心。

「這幾天我感到死亡像離我很近。呼吸也困難了。」帖子像是道別的話。

「呼吸辛苦的話，入院檢查治療後，情況會好點。」

「在家千日好。」

「但也要小心身體。別胡亂撐下去。」我着緊她情況。

「我在想死亡的事。殮房是怎樣的？我對它的印象不好，冰冷、陰暗、了無生氣……」一張慘不忍睹的表情符號。

「這都是傳媒描繪的形象。」

「我希望這不是真的。」她貼上雙手合十的表情符號。

「我也希望。」我回敬同樣的表情符號。

4.1　趕不及的溫柔

天色陰晴無常，生命也是。

他趕到醫院時，母親已奄奄一息，張開口一下又一下有節奏的吸氣，詳和、緩慢而深刻，人家說這是瀕死的呼吸現象。

他拉攏圍住病牀的布簾，獨個兒坐在病牀邊，留意着母親，默然靜待什麼來臨似的。母親鼻孔橫架着輸送氧氣的管子，很久沒看過她呼吸得如斯安詳順暢、毫無掙扎的樣子了，他凝望着她一口一口的深呼吸，帶着不捨，生怕下一次眨眼時，那胸腔就永不再膨脹。

他對醫護人員盡心盡力的照顧，是心存感激的。他和母親要說的話，早就講了。大家都清楚，末期肺衰竭病人的情況，總無法拿捏得準，上一刻母親還好好的，下分鐘會無緣無故的急轉直下，氣管被什麼緊緊箍住，令面色紫紺，一下子昏厥過去……

幾次踏進鬼門關，料不到都能及時入院，被救回來。

初期兩母子面對突如其來的死亡威脅，都手足無措，但幾次下來就沒以往的慌亂。「我要說的已講好，下次再昏迷不醒就別救了，活得太辛苦，不如舒舒服服走了算！」上兩次當他倆推着氧氣筒回家時，母親都發晦氣，埋怨沒死去。

病得辛苦，回家後趁精神好些母親又會把囑咐說一遍，身後事早安排好，向親友告別也好幾次了。而他，對着昏迷的母親，「一路好走」這句話，也重複了幾次。

心中有數，這趟該回不了家，那句「一路好走」也是最後一次了。

橫豎遲早都要走的，乾乾脆脆就免了再度折騰。

他在母親耳邊說了最後的話，母親張開的嘴巴嚥下最後一口氣。

他握住母親溫暖的手，死亡降臨，並不意外。他甚至認為，死亡對他倆，都是一種解脫。

叫他意外的是，卻是死後的一段路。

沒料到當醫生來到牀邊寫下死亡時間後，一切就變得很不一樣了。

不能再握母親仍暖的手，始終不捨

護士掀開布幕，探頭通知他：「先生，婆婆走了，過一會有人處理遺體，把婆婆運去殮房。你可以在這裏等一下，然後到我們那裏，取資料辦理婆婆的死亡手續。」話淡然無味，像等待完成最後一件工作。

「請問我可以留多久？」

「十五分鐘吧。」

他站起來，從布簾的罅隙環視病房，真有人滿之患，走廊上張開了幾張帆布牀。他明白牀位很緊張，也不想打擾病房運作，但十五分鐘就送去殮房？未免倉卒吧！雖然早作好心理準備，但一旦不能再握母親仍溫暖的手，始終不捨。

而且，還有一件事，叫他鼓起勇氣，向護士提出不情之請。

「姑娘，可否通融，遲一點才運走媽媽嗎？我妹妹正從加拿大趕來，想見母親最後一面。」

「那要多久？」

剛才妹妹下機時曾WhatsApp給他，他看錶：「她剛入境，搭的士趕來，還有一個小時吧。」

「那怎行呢？病房今天收症，隔鄰牀的病人也——」護士語氣硬起來，眼角瞄向鄰近的病人，把「會不滿」嚥住。

這個他當然明白。

「快到探病時間了，我們難做呢。」護士顯得不耐煩了。

還有半小時就是中午探病時分，病房想在人流多前把遺體處理掉，以免妨礙其他病人和家屬情緒。兩小時前，護士見母親不行了，便放寬他探病，讓他陪伴母親，已通融了。

他感到一股壓力，四周像有目光向自己掃射過來——將心比己，沒有病人願意和「屍體」毗鄰的。

而且，一牀難求，以往母親也曾因氣促在急診室等候牀位，好幾次他陪着母親等呀等，久久未能上病房，心急如焚，正因為要等病人出院，騰出空牀。

那麼如果想見母親，要在殮房了？

那時他會暗地祈禱，希望需要出院的快走快走，別賴着牀位。

他真切體會到，牀位對正待入院和佔用帆布牀之病人的重要。

「那麼如果想見母親，要在殮房了？」他不再堅持。

護士「嗯」一聲，又怕引起誤會亂給意見，補充：「你問殮房吧，看看能否讓你們見婆婆。唔，你過來……」護士引導他走去護士崗，從檯上取出一份小冊子。「這是辦理身後事須知，上面有殮房的電話和地址，你可以去問問。還有，這裏是醫院死亡證件辦事處的資料，你必須到那裏領取死亡證明文件，在本院B座三樓，離開病房左轉，跟着地上的藍色線到下一個轉角處右轉上三樓就是了，記得帶死者身分證。」

護士純熟的掀動冊子，用紅筆在冊子上圈了幾個大圈，低頭繼續。「之後你要攜同醫生發出的『死因醫學證明書』，儘快前往灣仔的胡忠大廈『聯合辦事處』辦理死亡登記及領取正式死亡登記證明書，地址在這，這是辦公時間——記得要帶齊證件才可辦理手續， 要正本，證件有三：『死因醫學證明書』、死者身分證和你的身分證——」護士見機不可失，一口氣的說，紅筆在冊子不同頁面上圈呀圈，趕住完成任務似的。

把冊子遞上，完成對病人的最後工作

「不明白的話，醫院的死亡證件辦事處會再告訴你。」護士總結，把冊子遞上，完成了對病人的最後工作。

他給弄得有點暈頭轉向。

這時兩個醫院仵工急步走來，在護士崗核實後走向婆婆，拉開布幕竄進去。

他知道這叫「打包」。

他無從阻止，像大洪流中的一片葉，隨水飄流，任由擺佈。

不一會母親就送進鐵箱中，他發了一帖WhatsApp給妹妹，就跟在鐵箱後面去殮房，陪伴母親走最後一程路。

正午時分，醫院探訪人流增多，鐵箱的滾軸磨蹭地上，發出「咕轆咕轆」的聲響，像消防車要求讓路的呼籲聲，引來途人注意。兩個仵工一左一右的控制鐵箱方向，他跟在後面，遇上的人都匆匆走避，或別過臉，像彼此都冒犯了對方，有的甚至在頭胸兩肩打畫着十字，就如遇上不吉利的事。

他穿插在訪客如鯽的醫院走廊中，像是個不受歡迎的怪客。

走進電梯，仵工按下「地庫二」的鈕掣，電梯門徐徐關上，他腳一輕，心下沉，感覺像墮下地牢一樣。

走呀走，料想不到去殮房的路，迂迴曲折，總共要乘兩趟電梯，就這樣拐彎抹角，離開了醫院主樓，來到偏遠的一角，走廊變得又窄又殘舊，牆壁日久失修，沾上或灰或啡的污迹，牆身開始剝落。外面雖陽光普照，密封的走廊卻映着昏黃的燈，顯得昏暗。他像正要幹一份勾當，別讓人發現似的。

殮房和它的位置一樣，拒人千里

離開病房的初段人還多，但愈走愈荒涼，彷彿和外面的世界隔絕。

在地庫走，像走在地獄陰間。

想不到母親一離開，自己也彷彿被摒棄了，成為沒人關心的孤兒（註）。

當他看到「殮房」路標時，離病房和醫院本部已很遠了。他不知身在何處，只覺該在「邊疆」位置吧？實在無法想像當妹妹趕來醫院的主樓時，如何找到這地方？

終於到達「殮房門口」，這就是母親「暫住」的地方了。

殮房的設計，像三四十年前的，殘舊失修。牆壁仍鋪上光滑的小格仔磚，映着燈光發亮，也帶點冰冷和陰暗。這些磚塊，不是只在七十年代舊式的盥洗間才用的嗎？

殮房和它的位置一樣，拒人千里。

大門關閉，重門深鎖，門外的公共走廊處，地方不大，放置一張長椅，坐滿人，有的靠牆站立，看起來正等待認領遺體後送去殯儀館。

長椅上坐着年紀大的，正在抽泣揩抹眼淚，另一些人由於沒位子只得站在一旁。

家屬確認遺體後，目睹遺容，這照面的打擊，有人悲從中來，嚎啕大哭，一時站立不穩，身旁的親友趕緊攙扶，每個人的眼睛都紅了。

註：殮房位置多建於醫院偏遠隱蔽的一隅，儘量避免訪客或病人的視線。由主要病房至殮房，設計上多有一條又長又窄的走廊，封閉而幽暗，人走在其中，顯得卑微，被遺棄一樣，因此被謔稱為「蒙羞之路」（Walk of Shame）。

兒子感到不好意思，闖進這該屬於他們宣洩哀悼的私人空間。

仵工推着鐵箱「咕轆咕轆」的經過，眾人的目光都瞄過來，他既尷尬又抱歉，成了不請自來的外人，打擾了親屬，硬生生的把他們正要宣洩的情緒打斷了。

他環顧四周，一種悲涼的感覺在心中升起，未來兩三個星期，這裏就是母親的安置之所了。如此陳舊的裝潢設計，叫他擔心儲存屍體的冷格，也一樣破舊嗎？

「死因醫學證明書」一發出，人就成了被遺棄的垃圾

殮房委實太小了，像過時的老翁，守着殘年，跟不上時代的腳步，它如何承載因人口老化而上升的死亡率？當他領取母親遺體時，也一樣的要在這公眾空間，坐在臨時放置的長椅上，承受途人的目光，毫無私隱嗎？

這加深他悲涼的感覺。

半小時前，他仍心存感謝，病房的醫護人員對母親病患的照顧，叫他為香港的醫療驕傲。想不到母親一離世，一切都轉變了。他和母親都摒棄於醫療系統之外，被放逐似的。

他心如鉛重，失望頂透。生前死後，竟相差如此！死亡時間是分水嶺，「死因醫學證明書」一經發出，沉默的母親就失去了病人的身分，

成了被遺棄的垃圾一般，再得不到醫療體系的關注。

但母親仍是母親，她仍在醫院裏，是醫院的一份子呀。她身體仍暖，睡在鐵箱裏，怎麼一下子像翻天覆地了？轉變快得叫人難受。

家屬領取了遺體，跟着殯儀館的人員散去。

請等一下，等她見見母親才送進冷格

準備推門進殮房時，仵工停下，向着他，高聲說：「遺體正要入殮房，請回頭轉臉。」

他本想跟着指示轉身別過臉，一轉念，有種預感，母親這一進去，以後就難再和她親近了。他想起正趕來見母親「最後一面」的妹妹。

妹妹為未能在母親彌留時趕至，深感遺憾，剛才發了一帖 WhatsApp：「哥，我會儘快到醫院，直接去殮房。請他們別把媽放進冷格。我想陪媽一會，讓我握她的手，說句話。」

他走向仵工，高聲問：「請問可以別送病人入冷格嗎？」

仵工愕然的望他。

「我妹妹正從機場趕來，還有半小時就到了。請你們等一下，等她見見母親才送進冷格。可以嗎？」

「哪裏可以呢？我們難道要在這裏等你？」

「而且我們還有其他事幹。不放雪櫃，屍體也會腐壞。」另一仵工補上。

才半小時遺體就腐化？兒子難以理解，但不想理論。

「求你們可以通融一下嗎？」

「不可能啦，人人都這樣，我們只服侍你一個了……」仵工顯得不耐煩了。

這時一名殮房技術員聽見門外有人討論，和高醫生走出大門。

仵工像遇上救星，指了指殮房技術員，對着兒子說：「我們只負責搬遺體。有什麼事你問問他吧！」轉臉向着殮房技術員：「老李，你來得正好。家人說不要把屍體放雪櫃，等人看遺體。你說，等不等？」一副沒好氣的樣子。

殮房技術員上下打量兒子，問：「要等好久？」

「半小時。我妹妹正趕來。」

「對不起，剛是午飯時間，而且我們殮房也沒有地方瞻仰遺容的。」

「我們只是想看看媽媽，隨便一個空間就可以了——」

如果屍體有什麼問題，誰負責？

「唉，不是什麼隨便一個地方的問題。我們把屍體搬出搬入，要登記，又要核對，還要等你們瞻仰，哪有可能呢？如果屍體有什麼問題，誰負責？況且地方也不夠——」

「我們只有兩個人，妹妹只想見媽媽一面就行了。」

「個個家屬都這樣，我一百個人手也不夠了。」

「那麼，我妹妹怎樣可以見母親？」

「你先去找殯儀公司，可以在殯儀館見她。」仵工插口。

「但妹妹在加拿大工作，沒辦法請假，只可以留港三天，回港只為見媽一面。出殯時她不在！求你通融一下吧！」兒子開始焦急，動之以情，堅持要看母親。

「那就對不起，真沒法子了。」技術員揮手，企圖打發他。

「老李，我們先把屍體送進雪櫃。」仵工正要把遺體推進停屍間。

「等等。」站在旁邊的高醫生了解事情後，止住仵工，檢查遺體上的標籤，屬「第一類」遺體——即感染風險不高。

你幫他是不按本子辦事，出事要負責的

高醫生把技術員拉向一角，說：「第一類遺體的傳染風險很低，讓他們見見吧。」

「高醫生，開了頭就不好了。我要安排服務員跟進。吃飯時間不好安排人手。」

「人手方面，老李，我幫你核對。」

「高醫生，我們不可能這樣幫助家屬。你對病人好，我卻要向下屬交代呀。瞻仰遺容，並不是每間醫院都有的服務。我幫你沒問題，但此例一開，人手資源和空間都是問題。你無法幫忙所有人的，算吧！」

高醫生遠遠望向兒子，在理拗不過技術員。

但他於心不忍，心想他的確無法幫忙所有人，但這是理由拒絕眼前的人嗎？

「你幫他，做好人，是不按本子辦事，出事要負責的。」技術員企圖説服高醫生。

高醫生明白，安排家屬在醫院殮房瞻仰遺容，會增加同事的工作量，在這間小醫院，存在不少限制和阻力。他望兒子一眼，見他坐在走廊，雙手合十，沮喪得很，掏出手提電話，撥了撥，像催促妹妹，一臉憂忡。

見最後一面該在病房，殮房是存放屍體的地方

當然，高醫生知道，他們都沒有必要幫兒子。香港不少公立醫院的殮房並沒有瞻仰遺體的房間和服務，即使有這類瞻仰遺體服務的，由於涉及特別人手安排，也未必會讓剛離開病房的遺體先存放房間，供家人見最後一面。

「真的要見最後一面，該在病房，殮房是存放屍體的地方呀。」殮

房技術員向高醫生「據理力爭」。

高醫生清楚，病房有它的難處。他必須作出決定。「好吧，由我負責吧。下午還有人領取遺體嗎？」

「兩時半還有一家。」

高醫生走近兒子，說：「你妹妹一時半前趕得來嗎？」

「嗯。」兒子眼睛一亮，肯定的說，鼻子發酸。

「我可以讓你們陪母親一會，但你們需要在兩時半前騰出地方讓其他家屬領取遺體。可不可以？」

又是肯定的「嗯。」一聲。

高醫生示意技術員酌情安排。

溫馨的觸摸，臭臭的如最親切的道別

半小時後，妹妹趕到，殮房技術員接過兒子遞上母親的身分證，核對後把婆婆從鐵箱移放在銀色的推牀上。停屍間地方不多，推牀四周只用臨時的屏風圍起來；空間雖狹小，卻剛足夠兩兄妹跪在牀邊，握住母親的手。妹妹流着淚，在母親耳邊說最後的說話。

母親詳和的躺着，手臂仍是那麼溫暖柔軟，和生前沒兩樣，兒女的話都聽見了……

高醫生在遠處，默然等待。他沒有被技術員的大堆理由說服，因他知道，有些事情值得堅持。

因為一旦放進儲存格，格內四度的氣溫，不消半小時就會叫婆婆體溫冰冷，再觸碰時頓叫情感結霜。

一家人再次溫柔的聚在一起。

正是這份「溫柔」，紓緩哀傷，帶來溫馨的觸摸，裊裊的如最親切的道別。

4.2 在瞻仰室道別餘溫

我們都明白餘溫對親屬的重要。

區聞海醫生在〈慢慢離去〉一文中，分享他父親的離世 。當日凌晨，病房護士來電，告知父親不行了，他們一家趕到醫院時，「爸爸躺着，沒有呼吸，頸動脈沒有脈搏。」

區聞海是老人科專科醫生，他明白只要有小電筒和心電圖，就可以確認父親已經去世。但他並沒有架起這專業的分析，而是放下醫者角色，讓媽媽走到牀邊，握住父親的手，告訴她：「看，爸爸是暖的。」

父母兩手握着，對，手是暖的。

區醫生在牀尾，也撫摸父親溫暖的腳。「就像一個平常病人一樣」，令他感到父親仍沒有離開。父親還在，默然等待一家人，齊齊整整，聽家人在耳邊道別。甚至當區醫生鬆手時，指尖掠過父親腳底，他腳趾還忽地抽動一下。

護士告知他，當值醫生在他們來前十分鐘，已確認父親死亡。這份認知，對區醫生來説沒太大意義，因為他清楚，父親並沒有離去。

對於父親的「溫柔」、確認死亡後身體的抽動，醫學或有種種解釋——因為發燒所以身體還暖，神經反射系統並不因腦幹死亡而即時停止……但區醫生對父親「存在」的感覺，比這些醫學邏輯更真實。

因為死亡和離世，對親人來説，是不一樣的。對於死亡，醫學有它的界定；但對於親人，醫學還醫學，情感不因死亡而改變。

直到父親身體微涼，區醫生才確實知道，父親是在大家道別後才願離開……父親在牀邊等他們 —— 這給他和家人很大的安慰。

不是每個家人，都可聚牀邊道別

區醫生有機會在牀邊送別父親，也算幸運。醫院對病牀需求極殷，一經確認死亡，病房就要騰出空間，一家人未必可以齊齊整整向親人「溫柔」道別。家人趕到醫院時，很可能要去殮房說再見。

死後的餘溫，來得格外奢侈。

在一次死亡教育的講座中，有聽眾問，有些家人因宗教理由，希望在親人剛逝世時，進行一些簡單儀式，不消半小時便足夠。他們希望病房通融，卻明白可能對身邊病人造成滋擾和不安，又擔心病牀緊張，不能佔用牀位太久。將心比己，如果你是在急診室輪候入院的病人，會希望等半小時才入院接受治療嗎？病牀緊張，只能對死後儀式愛莫能助。

有人建議用病房的治療室舉行儀式，這當然也不妥，除了加重醫護人員的工作外，也妨礙日常的病房運作，更對將接受治療的病人來說，造成不便和禁忌。

講座中，沒人想到可利用殮房的瞻仰室（註）。

殮房的瞻仰室，本作家屬瞻仰遺體之用，是否也可在這方面發揮作用？為什麼不把遺體先送殮房，放在瞻仰室，在這「中轉站」舉行儀式

註：殮房的瞻仰室為一個一百至一百五十平方呎的空間，一般有洗手設施。房間多有兩個門口，一門口連接停屍間，供員工運送遺體進入，另一門口供家屬出入。許多殮房的瞻仰室門口設有「無線射頻辨識技術」（Radiofrequency Identification, RFID）感應器，監控遺體出入，確保安全。

後，才放進儲存格？這裏也可讓家屬陪伴剛離世的至親，向「餘溫」作最後的道別。

家屬因宗教原因，不可進停屍間

某個星期天傍晚，病房護士打電話給我，説有位血癌病人剛逝世。死因並無可疑，醫生剛發出「死因醫學證明書」。

「他是伊斯蘭教教徒，家人正處理身後事，安排殯儀車接收遺體，但要個多小時後才到病房。你可否幫忙一下？」護士憂心忡忡，病房有人滿之患，要儘快「清牀」，也擔心其他病人對住遺體太久會不滿不安。

伊斯蘭教教徒逝世後，如死因沒可疑，因宗教原因會不經殮房，直接從病房運走。但安排運走遺體需時，病房又亟待牀位，如何權衡？

「請你把遺體先運去瞻仰室，讓家屬在那裏等候，才離開醫院吧。」我相信可以幫忙。

「但家屬因宗教原因，不可進停屍間。這對他們來説是不潔的。」護士提醒我。

「我明白。」我告訴她，「瞻仰室由殮房管理，卻位於停屍間外，家屬和遺體並不會進入停屍間範圍。」

前幾年建設瞻仰室時，我們早關注這點，讓瞻仰室位於殮房停屍間之外，以迎合不同宗教需要。

在非辦公時間處理這類情況，當然需要特別人手運送和安排。「沒什麼啦，開門關門罷了。」星期天傍晚趕來當值的殮房服務員笑着回答，不把這額外的工作放在心上。

我慶幸遇上一班好員工，願意為家人多走一段路。

但人手安排上，這並不是必然的。

4.3 鬱金香和毛熊公仔

殮房服務員阿積還不足三十歲，在殮房工作已三年，對各工作程序都熟習，連一些較難掌握的剖驗技巧如中耳和鼻咽檢查也學曉了。現在他可獨當一面的為死者家人安排瞻仰事宜、幫助病理科醫生尋找死因、以及處理遺體出入。能為離世的病人和家屬做一點事，他覺得是件有意思的工作。

當年由病房轉去殮房工作時，除了認為這是一份有意思的工作外，另外原因是這裏人工高些（還有「厭惡性職務津貼」），對中五畢業生來說，待遇是不錯的了。

他和母親同住，是家庭的經濟支柱。母親並不反對他的工作，反而親戚朋友間或有避忌，總問他為什麼年紀輕輕會作這工作，像是迫不得已的一份工作。對這他倒習慣了，不把它當一回事。

很多人怕屍體，或許因曾在病房工作，處理過病人的穢物，他並不覺得遺體骯髒，甚至不明白為什麼有這麼多人，遇見搬運遺體的箱子時總閃避不及，像洪水猛獸。「唉，這些病人，幾分鐘前還是活的，現在躺下罷了，有什麼可怕呢？」他會不解。

工作量算可以，只是每年寒冷的日子，醫院死亡人數增多，殮房會特別忙，轉移遺體時體力消耗也大，中午會叫加大分量的飯盒，回家時會累。

由於家屬領取遺體多在九時和四時之間，平日上班下班的時間算準時。只是今天有點不同。

下午四時四十五分，父母又到了，把手上一束簇新的白色鬱金香，交給阿積，滿有默契的坐在家屬等候區。

阿積將孩子從冰冷的格櫃移出，用推牀運去瞻仰室，按下腳踏把推牀固定在房中央的某方向，打開屍袋的拉鏈，露出小孩的頭來。

四歲大的女孩合上眼，安詳躺臥。頸脖周圍被粉紅色鬱金香團團擁簇，花放了一整天，開始枯黃。

拿起毛巾，輕輕把血迹和分泌物揩去

阿積把剛收來的白色鬱金香放在牀邊的空位上，從袋中取出昨日留在身旁的鬱金香，丟進垃圾桶。

小孩的嘴角有些血水滲出，前天剛完成剖驗，遺體在移動過程中，殘留體內的血水和分泌有時會由鼻孔口角的缺口流出來。服務員拿起毛巾，輕輕的把血迹和分泌物揩去。

孩子的頭歪了，他把臉孔朝天平臥，移正；發現小孩因躺久了，頭髮顯得凌亂，就梳理一下，讓髮絲遮蔽後腦勺的剖驗傷口；這時發現墊在孩子頭下面的毛巾滲上血迹，髒了，就輕輕托起頭，換上新的藍色毛巾。

他滿意的望女孩一眼，好可愛的小孩，可惜……

他轉頭，噢，這束鬱金香和毛熊公仔該怎放呢？他佇足，回憶這幾天的情景，腦中把影像回帶，端詳某處細節。

由於宗教理由，這對父母瞻仰女兒時，總把花束玩偶放在指定位置和方向，放得不好就像褻瀆什麼似的。服務員不清楚是什麼宗教，但他明白彼此尊重的重要。

他終於想起來，把鬱金香端正的放在頭頂位置朝同一方向，讓毛熊躲進袋子裏，露出毛茸茸的頭依偎着小孩，像親他。阿積踏後一步，再打量，花束的位置歪了一點，移好，唔，差不多了。

孩子在屍袋中，不很好看，他為孩子蓋上乾淨的毛巾，像是她睡覺時鑽進的毛被。

他打開瞻仰室門，請父母走近女兒，自己就帶上門，走出房間。

阿積坐在門外等待，五時多，殮房其他員工都離開了，也沒家屬領取遺體，一天工作完結，殮房特別寧靜。

為這地方添上一絲光明溫暖

最後的員工離開後，把家屬等候區的燈光關掉，四周即昏暗下來。

天氣微涼，等候區幾乎是密封式設計，牆頂處近天花地方留有一扇排氣窗，斜陽透過窗口照進這略帶陰暗的空間，總算為這地方添上一絲光明溫暖。

因為有光，殮房才不致被黑暗吞沒。

服務員默然坐着，沒事作也沒把燈打開，地面映出他長長的身影。他東想西想，好麻煩的家人，不好惹呢！他曾如此認為。自女兒離開後，夫婦每天都會帶着鮮花和玩偶來，要求看她，每次都在快下班的時間趕來，在瞻仰室留差不多一小時。雖打亂放工時間，服務員總不忍心拒絕。

瞻仰室內傳出啜泣聲，伴着低迴的呢喃。回想上星期女兒猝死，父母難以接受噩耗，對醫院無法救治諸多不滿，既哀慟又憤怒，向病人聯絡主任投訴醫生失誤處理病情，要控告醫生，對香港的醫療失去信心，還要召開記者會云云。

父母對醫院充滿敵意，來到殮房時諸多要求，彷彿全醫院的員工都得罪了他們，針對他們。

由於可能涉及醫療控訴，也要理清一些死亡狀況，個案交由死因裁判法庭處理。接見他們和解釋剖驗目的是一位富經驗的病理科醫生。

殮房如果可以幫到親屬，也有意義

父母對任何院內的職員都不信任，當知道病理科醫生只向死因裁判法庭負責，任中間人角色，職責是找出死亡真相，並不偏袒醫院或家屬後，他們的心才穩妥一些。

一個本來健康的小孩，發燒入院，病情卻急轉直下，入院三天後死亡，對誰來說都難以接受。父母的憤懣很合理。

回想當日他們在殮房大吵大鬧，警告員工必須妥善處理遺體，別傷害女兒，把不滿情緒盡都發洩在殮房的員工身上。服務員初時也難理解；我只是安排儲存和發送遺體罷了，又怎會害你的孩子呢？他只感無奈。

入行時他曾聽醫生說，每個喪親者適應的時間都不同，哀傷反應也因人而異，說有什麼五個階段：拒絕、憤怒、討價還價、抑鬱和接受等，這時他開始明白父母的反應。在這裏工作了幾年，遇上超過一千個家屬，每個的反應都不相同，幾乎所有哀傷的階段都見識過了。

這對父母大概仍處於拒絕和憤怒期吧？由於孩子早逝，對醫院服務缺乏信心吧？這麼一想，就理解家屬的感受了。

一個人靜坐在瞻仰室外，阿積想，無論生命有多少傷痛，殮房也該是個安慰的地方。「幫得幾多得幾多」，這是他一貫的想法，可以為家人在最哀傷的時候作點什麼，也是件好事。

他認為殮房的工作，不該只集中處理遺體，如果可以幫到親屬，饒有意義，偶然遲些放工，也不多計較了。

他不知道同事是否也一樣想，也不知道如果每天都為家屬OT（超時工作），自己是否仍樂意效勞。

於是他為死者父母安排瞻仰小孩，按照意願擺放花束、玩偶，希望可以稍稍撫平他們的哀傷，這是他能為父母作的事。

殮房寧靜，他甚至聽到滴答滴答的鐘擺聲。六時多，瞻仰室的哭泣聲少了，阿積知道，父母宣洩了情緒，快要離開。

他靜靜的坐着，天色暗下來，斜陽逐漸淡去⋯⋯

殮房服務員體貼的關懷，安慰了我們

父母每天都來探望女兒，兩星期後，孩子終被接走火化。

個多月後，殮房主任收到封電郵，來自這對父母，寫道：「殮房主任：我們對貴殮房由衷感謝。上個月女兒去世，我和丈夫難以接受，每天都去殮房看她。每次看女兒的時候，貴部門某身材高大的殮房服務員都會為她清潔，移正身體，蓋上毛巾，還把我們帶來的花朵和玩具放在相同位置。為了我們，他每次都費上不少時間心思，這令我們既感動又安慰。

我們一直以為這是貴殮房的服務指引，也是員工的份內事，直至有幾次我們遇上另一位服務員，才知道一切並非必然。

請代我謝謝那高大的服務員。女兒的離開無疑令我們難以接受，很傷心，但貴殮房服務員體貼的關懷，安慰了我們，減少我們的哀傷。謝謝你們。」

人生無常，在死蔭幽谷中，殮房內餘暉猶在。

4.4 BB，拜拜

「登登——」殮房主任的手提電話響起微弱的提示訊號。

WhatsApp上的帖子有點陌生，一時想不起是誰。

「你好嗎？仍記起我嗎？三年前，你幫我們夫婦在殮房照相，我們的孩子那年去世……」

主任的指尖撥弄屏幕，捲軸以往一段段對話帖子，像時光機，回憶零零碎碎的給喚回來，一路展開。最後指頭停在一張相片上，食指和拇指按住屏幕掰開，一對夫婦，男的結了領呔，女的穿上T袖，笑容燦爛，抱着一個合上眼睛的嬰孩……

「曾主任，請問你可以為我們拍張相片嗎？」父親走近辦公室門口，問殮房主任。

「嗯，好。」主任擱下筆，笑了笑，心惴殮房地方，竟有人照相？這倒是頭一趟。

主任離開辦公室，父親指示他去瞻仰室。

瞻仰室內母親抱着出生不久的嬰孩。兩星期前，這三十五周的嬰孩在母親體內毫無預兆、也毫無原因地不動了——他不再踢母親的肚皮，心臟拒絕跳動，送到急診室時被確實夭折。

本來興高采烈迎接新生命的夫婦，一下子要面對死亡，是天堂和地獄的落差。

「再不照就沒機會了。」父親把手提電話遞給主任，囁嚅，分不清是喃喃自語，還是向主任解釋，就急步走向母親。

主任醒起，明天嬰兒就會交由食物環境衞生署火化。這兩星期來父母一有空就來殮房，爭取時間陪伴嬰孩。

「卡察——」相中父母展現歡顏，抱着熟睡的小嬰孩，主任再為他們照了幾張「全家福」。

悲哀裏留下了帶甘甜的回憶

一家三口，莫失莫忘，有相為證。

「還有什麼可以幫忙嗎？」主任問。

「沒了，謝謝……」父親接回手提電話。

「BB，拜拜！」像機場道別前的説話，母親輕輕放下嬰孩，也終於要卸下一切了。

一句「BB，拜拜！」父母輕輕放下一切。這兩星期，他倆盡了最大努力，去接受消息、去撫平傷痛，現在終於可以把遺憾稍稍拋在背後了。

夫婦離開殮房時，拿着手提電話邊走邊觀看相片，很滿意。看着他倆遠去的背影，殮房主任心裏安慰。死亡，無疑傷痛，但從他倆的眼神，主任相信悲哀裏留下了帶甘甜的回憶。

來到辦公桌，主任看着案頭文件夾，這年來他一直忙於改善殮房處理死嬰的程序。這間大醫院的殮房，每月平均處理十多具類似的嬰孩遺體，上個月特別多，來了差不多三十具，這些嬰孩雖是死胎，沒有在母體外的世界生存過，但確切的曾在母腹中成長過，血脈相連，許多對父母來說，是活生生的生命，是家庭的一部分。

這些嬰孩，有的不足一呎，體重比一部數碼相機還輕，對父母和家人卻有舉足輕重的分量，殮房不可隨便當普通醫療標本來處理。每個夭折的嬰孩都被分配獨立編碼，穿上粉紅色或藍色的衣服，安放在小紙箱中，經核對身分後再放進殮房的獨立儲存格，毫不馬虎。

嬰孩的儲存格造得比成人的細小。夭折的嬰孩體積小，需和成人遺體分開處理，方便辨識，減少遺體出錯的風險。近年來，殮房主任和電腦資訊部門正努力為這些夭折的嬰孩引入「二維條碼」（2D Barcode）系統，方便核對，也安置「無線射頻辨識技術」（Radiofrequency Identification, RFID）防止遺失，大大提高了安全性。

這些夭折的嬰孩，從此在殮房裏得到和成人一樣的保障。像任何遺體一樣，有的父母會對嬰孩念念不忘，不時來殮房要求看孩子，職員每次都要為嬰孩核對身分，有完善的電腦系統就可減少出錯風險。

嬰孩的道別儀式，是哀傷處理的一環

主任翻開文件夾，裏面記錄了十名明天交食物環境衞生署的嬰孩名字，這些嬰孩，有的父母不堪回首，生產後名字欠奉也沒再見父母一面；但有的嬰孩，卻改好了名字，也因為不時要取出供父母瞻望，名字對主任來説既熟悉又親切。

主任小心核對，重複檢查同意書，確定所有嬰孩都同意由院方處理，直接交食物環境衞生署火化。去年超過二十個嬰孩，火化前父母會在殮房的小禮堂為嬰孩舉行道別儀式，再安排運去火化場，這些嬰孩必須小心分開處理，不會直接交食物環境衞生署。

為嬰孩舉行道別儀式，近年似乎有上升趨勢，原因不很清楚，相信和出生率有關吧。現在出生率下降，嬰孩來得珍貴，夭折的生命更令父母不捨，希望藉着舉行一場簡單的儀式，向嬰孩好好道別。

道別儀式多選擇在殮房的小禮堂舉行，而不是殯儀館，這不難理解。除了不想太隆重其事大費周章外，更因為很多的嬰孩乃胎死腹中，懷孕期間沒很多親友知道，父母不願向太多人宣佈噩耗，一切從簡，在殮房道別就是。

道別儀式讓父母好好與新生命訣別，是哀傷處理的一環。

「唔，好好道別，處理哀傷，也該是殮房服務的一部分吧！」主任抬起頭來，摘下眼鏡揉搓眼睛如此想。

擔任了殮房主任五年多，管理殮房大小事務，令他發現殮房有不少值得改善的地方，其中改善服務質素、照顧家屬喪親需要更為殷切。

畢竟改變程序理順流程、為父母安排瞻仰服務和道別儀式等，令他的工作量倍增，雖説值得，他也不無掙扎——有些事情，得過且過就行了，何必認真？辛苦了自己。

架上眼鏡，他的目光接觸到懸在板上的一張卡片，上面手繪上顏色鮮艷的花朵，欣欣向榮，長在青草地上。

他莞爾，想起「疾風勁草」—— 人走過哀傷的一段，相信會變得更堅毅無懼。

他可以參與其中，幫助他們，又彷彿一切都不計較了。

又是一個死胎。母親的兒子，在腹中才二十八周就結束了生命。

那天，懷胎的母親慌張的趕到急診室，告訴醫生兒子不再踢了，才推上產房，就作動起來，半小時後產下兒子 —— 一個沒有哭聲，沒有呼吸活動的夭折嬰孩。

母親哀痛，沒看兒子一眼。丈夫簽下同意書，讓醫院全權處理胎兒，交食物環境衛生署火化。

嬰孩很快從產房轉送殮房。

如情緒適合，請考慮讓親人向孩子道別

幾天後的一個下午，丈夫獨個兒來殮房見主任，提出要求：「主任，可否別讓我太太見嬰孩？」細問下才知道母親在產房情緒不穩，卻想見嬰孩一面，產房員工告訴她可以去殮房看兒子。

可是為免她感觸，無法自已，丈夫一直不敢讓妻子看嬰孩。

主任很為難，告訴丈夫，嬰孩身上的編碼有母親的資料，如果證件完備，確實是嬰孩的母親的話，殮房是沒有權力單方面禁制母親看孩子的。「請你考慮，如果情緒適合，讓親人見遺體，向孩子好好道別，也具療傷作用。否則反會造成遺憾。」

丈夫是明事理的人，沒多辯駁就離開了。

之後母親在出院前，一直沒來看嬰孩。

由於父親早簽下同意書，把嬰孩交由院方處理，嬰孩靜悄悄的，等待一個月後交食物環境衛生署。

日子一天天過去，主任也差點忘了這事，直到三星期後，一名母親獨自來到殮房，希望看那嬰孩。

核對後，確實了母親身分。

快火化了，今天不見我怕會後悔呢

主任想起丈夫的請求，有點猶豫該不該讓母親見兒子，也許母親察覺到為難的表情，再問：「我可以見見兒子嗎？」

「當然。只是奇怪為什麼會在這時候看呢？快交食環署了。」

「幸好，我還以為來遲了，火化了。」

「剛好來得及，下星期才交食環署。你特地跑來這裏見兒子？」

「不，今天我來醫院覆診，走進醫院又想到兒子，忍不住想看他一眼。」母親莞爾，心情平靜，像風暴已過。

「你接受得了？」主任誠惶誠恐。

「我想我可以的。兒子出世後看也沒看一眼，快火化了，今天不見我怕會後悔呢。」

「要有心理準備啊！我和其他員工在瞻仰室外，有不舒服的話可以隨時叫我們。」看見母親堅定的眼神，言詞懇切，主任無法拒絕，照辦了。

那個下午，母親心情沉重，在瞻仰室坐下，端詳着推牀上的兒子，默默度過一段時光。

離開時，她向主任微笑道謝告別，語調明顯輕了，心情平靜不少。

之後她沒有再來。不久，嬰孩也火化了。

主任曾擔心母親的情況，那次見嬰孩會令她更不安嗎？她接受得了嗎？日子過去，他也開始淡忘這件事。

想不到個多月後他收到一張寄來的卡片，上面鮮艷的花朵，開得燦爛，秀麗的筆觸寫道：「多謝你悉心的安排，我已開始工作，重投社會，相信很快可以適應。」

母親正走出陰霾，重投生活。主任安心了，把卡片懸在板上，心裏默默祝福她。

死去的嬰孩，可被抱着在醫院範圍走動嗎？

一次和香港大學社會工作及社會行政學系副教授周燕雯博士進早餐，殮房主任談起殮房為死嬰父母的工作，包括「二維條碼」系統核對身分、「無線射頻辨識技術」防止錯漏、瞻仰室的支援哀傷功能，以及小禮堂的角色等，周博士訝異於醫院殮房在這方面的多元角色。

席上殮房主任分享了另一故事：「早前有位母親發現胎兒停止活動，在產房催生誕下夭折的嬰兒，知道嬰孩要舁送殮房，向病房員工要求，讓她抱着嬰孩一起去殮房，陪伴女孩最後一程。這看似簡單的請求，竟令病房職員為難。根據指引，夭折的嬰該放於密封的小盒子內，由推車舁送殮房。病房打電話給我，問我意見。」

「主要的問題是……？」

「擔心嬰孩的『安全』問題。一個死去的嬰孩，可以被抱着，在醫院範圍走動嗎？會對他人造成滋擾嗎？需要特別安排嗎？由誰護送等……我認為顧慮太多，於是上病房告訴他們，由我和母親一起去殮房吧。」

「有人肯負責，他們同意了？」

主任點頭：「我看嬰孩，還不到手臂長，被布裹着，走在長廊上，哪會造成滋擾？而且去殮房的路，除了初段，人流較少。就這樣我們一起走，很順利的到達殮房，完成了母親的心願。」

愁着臉的母親，抱住嬰孩，陪女兒走完這最後一段路，目送嬰孩被送進儲存格，才安然離開殮房，由主任帶回病房……

「看來殮房為喪親者工作，也很多元化呢。」周博士若有所悟。

「面對着這些喪失嬰孩的父母，我有時也會疑惑，到底要為他們做多少才足夠？」主任想起零碎的個案，仍覺做得不足夠，想為這些父母多做一點。

周博士看得出主任是有心人，致力改善殮房服務和加強親屬關懷，一針見血的糾正：「問題不是要做多少才足夠，而是去了解父母想要多少。許多喪親者只求盡力而為，心安理得。有些身後事，外人看似微不足道或拘泥禮節，但對喪親者來説卻存在意義，必須完成才安心，才可以進入哀悼的過程，再走出傷痛。這方面我們需要幫助他們。」

他還有個哥哥，在天堂守護着我們一家

親人都有想為死者做的事，禁止他們，反而會加深傷痛不安，造成後悔。如果父母想看嬰孩，不讓他們見一面，或想陪伴嬰孩卻被拒絕，火化後就無法挽回，這遺憾會伴着親人一生，影響哀傷復元。

喪嬰者的要求不多，都是很小的事情，如在瞻仰室看嬰孩，或讓玩具陪在孩子身邊、開一次小型告別會等，對殮房職員來説，安排不難，但對父母來説就意義重大，是走出哀傷重投生活的一步。

主任望一眼擱在餐桌上的手提電話，裏面的WhatsApp有張新相片，在產房的病牀上，母親展現疲憊而滿足的笑容，男的戴上綠色手術帽子，也燦然的笑，中間是剛出生的精靈嬰兒，帖子寫道：「你好嗎？

仍記起我嗎？三年前，你幫我們夫婦在殮房照相，我們的孩子那年去世。

現在他的弟弟終於順利出生了，我們會告訴他，他還有個哥哥，他在天堂守護着我們一家。特地和你分享，也謝謝你為我們作的一切……」

主任回憶父母親放下嬰孩的一幕，耳邊響起那如鈴聲的一句：「BB，拜拜！」腦中浮現那對父母親，抱着活潑的新生兒，向天揮手，三人往前走去……

殮房冷知識：殮房引入電腦化系統

公營醫院每年處理全港超過八成的遺體，為準確核實遺體身分及保障遺體出入安全，公營醫院的殮房於二零零七年開始引入電腦化系統，務求更準確、有系統地處理遺體。資訊管理系統包括「二維條碼」（2D Barcode）系統和「無線射頻辨識技術」（Radiofrequency Identification, RFID）。

「二維條碼」系統運作有點像物流管理 —— 職員只需使用特設的掃描器掃描遺體的手帶，便可核實身分。醫管局正於不同醫院的殮房推行RFID技術，職員將「二維條碼」的個人資料上載到RFID的晶片內，而晶片繫於遺體的手腳上。殮房的出口設有RFID感應器。如果遺體在離開殮房前未完成核實程序，RFID感應器會響起警號提醒職員，防止意外錯發遺體。醫管局亦把RFID技術推展至遺體解剖上，在一些醫院的解剖室門口安裝RFID感應器。從此只有需要剖驗的遺體才可通過感應器，移送至解剖室內，防止剖錯遺體的情況發生。

除更準確地處理遺體外，殮房的資訊管理系統可有效掌握儲存格情況、追蹤遺體位置及分析數據，省卻以人手輸入資料，減輕前線員工的工作量。由於系統整合醫管局轄下所有殮房的資料，局方可實時監控全港儲存格的使用率，從而採取更靈活的應變措施。

4.5 齊齊整整

有次晚飯聚會上，我們一家談起什麼事叫人快樂。岳父幾乎不假思索的說：「一家人齊齊整整吃頓飯就很滿足快樂。」

齊齊整整，是人的渴望。

有次參加香港中文大學哲學系講師陶國璋老師的一個關於電影的講座，談到電影和電視劇結局的問題，說人都追求完整，因此看電影沒看結局會教人渾身不舒服，當劇集來到尾聲，儘管有時大結局不太好，觀眾為了完整，也會收看，收視都會較高。

人，追求齊齊整整，對於死去的親人呢？保留遺體的完整，同樣也是喪親者的渴望。

但對離世的親人，「齊整圓滿」的遺體，有時不容易達到。

因為在醫院接受治療的病人，有些死後遺體未必能「完整無缺」。失去的肢體，看在家屬眼裏，會是一種遺憾。

瑪麗醫院深切治療部主管陳惠明醫生在《心切治療·生死一線：生命裏最後一根救命稻草》（經濟日報出版社，2014年）一書中，分享了一個故事：嫻姐的母親因糖尿病，雙腳經常感染，一次入院右腿併發「壞死性筋膜炎」，需儘快截肢才有生存希望。

女兒知道情況後，答應手術，兩小時後右腿順利截下。可惜母親仍在一天內離開了。

提起母親，嫻姐哭訴「她（母親）說過她不想作截肢手術的。醫院可以找回她的腳陪她一起安葬嗎？我對不起媽媽……」

有的病人像嫻姐的母親一樣，因糖尿病、血管栓塞或細菌感染等原因，引致手腳壞死，出現敗血情況，無法單靠藥物治療，為了挽救性命，需要截肢。可惜手術後有的病人仍無法救治，被送來殮房。

手術切除的器官，都會送去殮房，一般會留待數星期，才轉交承辦商火化處理。如果家屬願意，及早通知殮房，殮房員工會儘量提供協助，找出存放的截肢，讓它和病人一併出殯火化。

截除的肢體當然無法重新駁回，但讓截肢回歸死者身邊，讓離世者「無缺」，我們都願意安排。

家屬問，為什麼把父親分屍

有次卻出了個小誤會。

假期前夕，我正和家人吃晚餐，手提電話響起。

「陳醫生，」話筒那邊傳來殮房主任曾先生的聲音，氣急敗壞。「不好了，剛收到家屬的投訴電話，問我們為什麼把他們父親分屍。」

分屍？怎麼搞的？醫院殮房不該有腐化分解的遺體。

細問下，知道家屬當天下午領走中年漢子，到殯儀館打理身體時，發現頭顱骨放在身邊，沒有收回頭上。

「家屬現在很氣憤，要求我們馬上把頭顱骨放回去，保留全屍。」

頭顱骨怎麼會和身體分開？如果因解剖而遺忘放回頭骨，我們要負責任的。

但這不是宗死因研究個案，從沒剖驗。

「家屬正在殯儀館，病人明天出殯，儀式快開始了。他們說無論如何，要求我們晚上儀式完後把遺體接回醫院，放回頭骨後明早前送回殯儀館，再火化。」

家屬要求我們馬上把頭顱骨放回去

遺體不完整，對家屬來說無疑傷痛，憤怒容易理解。

深宵時分運送遺體，安排上很倉促，亦有困難，更何況是假期前夕？我和殮房主任商量，如果是我們的錯，可以帶備手術刀和針線去殯儀館，處理頭顱骨的縫補工作。這是較可行的解決方法。

「怎麼現在才發現？家屬今天領取遺體時，沒核實頭顱骨的問題嗎？」我疑惑。發放遺體時，員工都會核對身分，如果有截除的肢體回歸死者的話，也會一併核實交收。

「我們同事轉交遺體時，核實過了，把頭骨放身邊，家屬並無異議。也許家屬之間溝通出現問題，去到殯儀館愈說愈不對勁，就打電話來投訴。」

「得先了解一下情況。請你準備病歷給我，看下一步怎麼辦。」

那名漢子一直健康良好，突然抽搐昏迷，抵急診室時已不省人事，情況危急。電腦掃瞄發現腦血管栓塞，造成嚴重的「缺血性」中風。由於發現及時，病人仍於「黃金三小時」的治療期內，醫生馬上為他注射「抗凝血劑」，溶解栓塞的血塊。

可是這類抗凝血劑藥物有可能帶來嚴重副作用 —— 少數病人會有內出血風險。由於抗凝血劑令血液難以凝結，一旦血管爆破，便會大量流血，形成血塊。

男子用藥後情況沒好轉，反而急轉直下，電腦掃瞄發現腦部由原本的缺血性中風，演變成「出血性」中風。血塊擠壓腦神經，情況危殆。

神經外科醫生迅速介入，安排手術，把留在腦內的血塊清除。

由於出現腦水腫，腦壓太高，腦袋像個吹得鼓脹的氣球，擠壓在狹小的頭骨內，這麼大的腦壓隨時會擠壓腦幹造成死亡的。為了讓腦袋有更多空間，降減腦壓，也無法確定會否有跟進的腦手術，腦科醫生刻意不把頭顱骨放回去，騰出的地方像掀開一口天窗，讓脹鼓鼓的腦袋找個出口向外膨脹，延遲腦幹受壓損害。

外科醫生把頭皮縫上後，病人被送進深切治療部繼續密切觀察。可惜病人不久後因腦幹死亡離世。而那一截沒蓋回的頭顱骨，手術後被送到深切治療部，被放進屍袋，「還」給病人。頭顱骨原封不動的留在漢子身邊，在殮房兩星期後，下午就連人帶頭顱骨的被領走了。

我了解過事件的始末，認為要放回頭骨並不難 —— 打開頭皮，放回頭骨，再縫合傷口就行了。這是我們解剖常作的步驟。如果真的有需要的話，就要準備裝備，深夜或明早往殯儀館跑一趟。

要放回頭顱骨，必須先把部分腦袋切除

而當我研究病人臨終前最後一張電腦掃描時，發現有些不妥了。上次腦部手術後，病人腦內仍積壓着淤血，腦袋水腫得厲害，高壓下的腦袋，把頭皮向外推，令頭頂彷彿雞蛋般隆起，如果不是那一道道縫針線，腦漿很可能會像按捺不住的液體，流瀉出來。

我猶豫該不該放回頭顱骨，告訴殮房主任：「我們要讓家屬知道，放回頭顱骨時，需要打開頭皮，受壓的腦袋很可能會溢出。要放回頭顱骨，必須先把部分腦袋切除，騰出空間才可讓頭顱骨蓋回原本位置。」情況有點像焗烘麪包後，要切掉某部分鼓脹的麪包才可放進原本盛器裏。

「也是説，家屬要取捨，要不要為放回頭顱骨，切除病人部分腦組織。」殮房主任曾先生明白了。第二天清早，殮房主任約見家屬，把情況告訴他們，讓他們決定是否願意放回頭顱骨……

幾小時後，遺體離開殯儀館火化。靈車有點顛簸，拐彎又抹角，像生命的起伏，我彷彿看見一位雄赳赳的父親，安然躺臥着，與疾病幾經奮勇對抗，終於在生的戰場退下，手上的頭顱骨是摘下的帽子，是英勇抗戰的印記，是他向生命最尊嚴的道別……

4.6 美容解剖

殮房一直強調，家人領取遺體時，遺體需儘量保持完整乾淨，還原死前面貌，這是給家人和死者一分尊重。病人住院期間，為了救治或會安上點滴和導管，死後我們會儘量把遺體上的點滴除去，有時移除體積較大的導管或心臟儀器時，難免留下較大的傷口，我們會把傷口縫好。殮房服務員處理不少解剖個案，對於這些縫補手術，可謂駕輕就熟。

不過，亦不是所有人都喜歡自己的「原貌」，渴望保留全屍。器官捐贈者願意割除器官，遺愛人間，火化時真真正正的只一具「軀殼」。

也有人刻意不求「全屍」。

如果人都追求完整的話，對這些死後失去器官的人來説，割捨這些器官，才算得圓滿。

「陳醫生，你認為我們該不該幫忙一下？」殮房曾主任遞來一份病歷，問我。

那是病人最後的一份病歷 ——「臨牀死亡報告」。

病歷並不長，中年女士，一向身體良好。最近個多月一直不適，下腹腫脹，入院前一周病情急轉直下，呼吸困難，全身不適，食慾不振，電腦掃瞄檢查發現卵巢地方有腫瘤，足有二十厘米大，出現壞死現象，明顯是惡性，婦科醫生本想進行手術和化療治療，卻因病人身體狀況不佳需延後進行。

癌症來勢洶洶，女士入院後併發腎衰竭和心律不整，被送進深切治療部，一星期後因呼吸衰竭離世。

「臨牀醫生問我們可否幫忙，為病人解剖。」曾主任問我。

「幫忙？」我大惑不解。死因明顯，「死因醫學證明書」也簽發了，我們可以幫上什麼呢？問：「死因明顯由卵巢癌引起，毫無疑點，是有什麼醫療研究的價值嗎？」

曾主任搖頭。

該以美容或宗教理由，為病人解剖嗎？

「是否涉及醫療控訴或失誤，需要解剖，作日後法庭聆訊之用？」

又搖頭。

「因為保險問題？」

又皺眉，主任仍在賣關子，眼神叫我猜下去。

「非自然死亡個案？院內自殺？誤服藥物？」

我把所有解剖的原因說了一遍，都不對，投降了。

曾主任遞上一張病人生前的意願書：「主診醫生說，由於病人生前無法進行手術，臨死前有個遺願，希望死後把盆腔的腫瘤切去，回復她原貌才火化。」

看來卵巢癌令她痛苦，病人恨透這腫瘤，不希望可惡的癌細胞和她軀體一起去死後的世界，非把它清除不快。

我瞪眼，這是一個嶄新的解剖原因——從沒有人以美容或宗教為由，要求死後把器官切割後才殮葬的。

我沉沉的向後壓着椅背，思考當中的意義。病人的要求合理嗎？病理科醫生該以美容或宗教理由，為病人解剖嗎？這會不會濫用資源了？

殮房的解剖室，除了探究死亡原因維護社會公義外，有沒有空間，成全病人生前的願望？我們看重瀕死者的願望，當人離去，這些遺願怎麼像變得不切實際？我相信這腫瘤該令病人不堪折騰，對她造成極大困擾吧？只有極度的厭惡，她才殷切希望，寧願死後受切割之苦，也要把腫瘤取出。

她又可以穿回最喜歡的束腰褲子

也是說，惡性腫瘤是她往生的遺憾。不為她解剖，可會令她抱憾離開呢！

病人的願望卑微，手術也不複雜 —— 只要局部剖驗，開腹取出卵巢癌就行了，其他器官毋需檢查。

「好吧，如果醫生生前無法幫她一把，死後來到殮房，我們為她完成願望吧。」我答應了。

解剖並不困難，病理科醫生在下腹處剖開約七吋長的切口，探進盆腔取出左邊卵巢腫瘤後，再小心把傷口縫好。過程在兩小時內完成。

那是個二十厘米大、重約一點八千克的惡性腫瘤，黑一塊黃一塊，腐敗得很。就是這腫瘤，奪去她的性命。

手術刀守護生命，解剖刀成就遺願。

兩星期後，家屬認領遺體。那曾經令下腹鼓起的腫瘤，已被順利移走，病人終於摒棄那朽壞的腫瘤，和癌細胞一刀兩斷，完美地回歸最自然的形態。離開殮房時，她又可以穿回最喜歡的束腰褲子，輕身上路了。

謝謝你，告訴我這殮房的奧秘

「謝謝你，告訴我這殮房的奧秘。」

「奧秘？」我貼上雙手托腮驚嚇的表情符號。

「從來沒人告訴我這一切，還不是奧秘？殮房總充滿神秘。」

「我不覺得很神秘呢。」

「對你也許並不神秘。每天見屍體，你覺得怎樣？」

「和臨牀病人差不多吧。只要別當他們是屍體，當他們是躺着的病人就行了。」

「遺體＝躺着的病人。很好的看法。」一個笑臉。

我也回她一個笑臉。

「如果每個殮房可以當我還是病人就很不錯。這給我和家人安慰。」感動哭泣的表情符號。

「我也希望如此。」

「離開後，天使在天上歡迎我，請你和員工在殮房照護我和家人……」

我貼上「ok」的表情符號。

一如所料，Ruby會爭取最後的發言。

她回一個雙手合十的表情符號。我不清楚是感謝我，還是為這事祈禱。

我希望可以繼續WhatsApp下去，我不斷說，她一直回，直到她聽到那一聲「媽媽」以後……

最後她補上：「謝謝殮房，給我最後的禮物。」

Chapter 5

解剖刀光，照見人

出死入生，殮房談的卻是另一回事

Ruby是被救護車送進醫院的。

她發高燒，呼吸困難，身體虛弱，神志不很清醒，Vincent撥999把她送入院。

檢查發現她血壓很低，嚴重脫水，肺炎和肺積水，併發敗血症，有生命危險……

「我早說過，情願死在家裏，但Vincent還是叫救護車送我來醫院。」她對着我苦笑，望一望Vincent，眼神卻沒有半點責備。

她明白Vincent的為難。

臨終病人和照顧者，對死亡的地方一直存在偏差。英國在二零一五年發表了一項調查（註1），訪問了超過二萬一千名臨終病人的照顧者，百分之九十七的照顧者表示病人不願意死在醫院，但百分之七十三的照顧者卻認為，醫院才是病人正確的死亡地方。病人由照顧者料理，當病情危急時，該不該送進醫院？病者還有機會救回來嗎？不送院會讓病人失救、自己內疚嗎？對照顧者來說是很困難的決定。那項調查中，結果有接近一半的病人死在醫院。

「死亡很多方面，都身不由己。」放了點滴、注入強效抗生素和抽取肺積水後，Ruby的精神好了些，有感而發。

「你還有機會死在家中。」我告訴她，擺出「未到最後不知結局」的神情。

Ruby說得對，死亡的時間、地點、怎樣死、死後的遺體處理……都非病人可獨自決定。

「幸好Vincent及早帶你入院，把肺炎和脫水情況醫好。」我語帶慶幸。

「而你又不用在那邊迎接我了。」她指指殮房的方向。

「如果你在家裏死，遺體會送去公眾殮房（註2），我在醫院殮房是接不住的。」

「Ruby，」Vincent表白，「在家我怎忍心看着你離開呢？下次，除非太遲，我也一樣會帶你入院。」

「好吧，這次我不怪你。」Ruby笑了。

「Ruby，你這次出死入生，真要謝謝Vincent。」

出死入生，殮房談的卻是另一回事。

註1：Office for National Statistics（2015）National Survey of Bereaved People（VOICES）, 2014.

註2：一般而言，在醫院死亡的病人會舁送醫院殮房，而在醫院範圍外證實死亡或送抵急症室時證實死亡的，就會直接舁送公眾殮房。

5.1　「目中無人」—— 專業的緊箍咒

殮房，並不只關心去世的人。

它也該走出死亡的框框，關心生者的需要，明白他們，支援哀傷。

進入人的生命中，是殮房「出死入生」的一步。

香港大學社會工作及社會行政學系副教授周燕雯博士，在給醫科生關於「支援喪親家屬」的講座上，分享她父親早年因嚴重中風，昏迷在牀的經歷。離世前她把握機會，在父親耳邊説話道別，一名醫護人員走來對她説，父親的腦袋已損害嚴重，不會有知覺的了。

這出自醫護人員權威的説話，刺痛了她，彷彿她所作的一切再沒意思了。在牀邊望着瀕死的父親，她感到傷心又困惑。

父親真的走遠了，不再聽見了？不是説聽覺是死後最後殘留的知覺嗎？怎麼醫護人員這麼肯定？他們的話是潑向周博士的冷水，叫她很懊惱。她感到受騙，醫護人員把她在牀邊作的一切都徹底否定了。

直到她發現父親眼角流下的淚水，她才釋然，相信父親臨別前仍在聽她的話，明白她的。

在觀眾席聽周博士的分享，我頓感汗顏。曾有那麼一段日子，我也像周博士遇見的醫護人員一樣，穿起白袍愛賣弄醫學知識，同樣狂妄的相信，醫學的權威凌駕情感，壓倒一切。我天真的認為，當我專業而優雅地確認死亡後，職責上就大功告成。我為從襟袋掏出的小電筒、塞進耳朵的聽筒和那張心電圖自豪，憑着它們，我擁有專業能力，「決定」死亡，為家屬作生命最後的診斷。

這就是我為病人做的最後的一件事。

對於死亡，我的醫療認知是如此的狹隘，不多去想家屬的需要和感受。

曾經，我認為醫生和死亡的關係，止於「宣佈死亡」而已。死亡後，一切都不重要了。家屬的傷悲無濟於事，死者的體溫和淚水也是假的。

我只注重醫學分析。死亡本身是殘酷的。我也是。

那件白袍，令我變得太理性，甚至成了冷冰冰的人，對於家屬的反應，我也像周博士遇見的醫護一樣，如此不近人情的抽離。

別以為死亡是一切醫療的終結

只是誰有能力判斷，臨終時耳邊的絮語全是徒然？周博士在課堂上勉勵醫科生，嘗試敏感家屬的需要，也別以為死亡是一切醫療的終結。證實死亡後，醫生也能為在世的家屬做點什麼，譬如解釋死因，或帶家屬到離世病者的牀邊，留點私人空間和時間給他們，鼓勵家屬向病人道別。別以為這算不得「療效」、不切實際，對家屬來說，陪伴很具安慰力量，好好與死者道別，已是哀傷治療的第一步。防微杜漸，這可防止哀傷深化下去，導致更嚴重的長期哀傷障礙和抑鬱症等。

回想臨牀工作期間，有不少時候，證實死亡後我甚至沒等家屬趕至就抽身離去。我連簡單向家屬解釋病情和死亡過程也省下。「Out of sight, out of mind」，病人一旦離開，也就離開我的「醫治範疇」。

的確，很多時候我成功逃之夭夭，家屬沒再找我，我天真的認為，事情一了百了。

直至有親人離世，直至我在殮房工作開始接觸家屬，我才真正體會，醫者簡單解釋死亡過程，是多麼重要。我想，當年家屬為什麼不約見我討論呢？才明白在哀傷中，家屬要面對的問題太多，處理身後事又煩瑣得很，一刻間家屬很難抽空回病房約見主診醫生，把事情先擱下。直到殯葬儀式完結，想找醫生時卻又有隔世之感。

怎麼我沒留意死者家屬的需要呢？怎麼當我實習時，證實死亡後總是那麼吝嗇向家屬解釋病情，叫家屬好好和病者道別呢？白袍的理性，總是輕易蓋過對死亡敏感溫柔的感觸。

對於家屬的需要，臨牀醫生明顯忽略了什麼

二零一五年，瑪麗醫院為了解喪親家屬的需要，進行了全港第一項關於「醫院的死後服務」的問卷調查，分析家屬對醫院死後服務的滿意程度，範圍包括病人死後臨牀的處理、遺體舁送殮房的過程、殮房員工態度、解剖程序和接收遺體的滿意度等。研究人員在殮房成功訪問了一百九十名待領遺體的家屬，結果發現，在多項評分中，家屬對臨牀醫生在死後解釋病情的滿意度最低。

對於家屬的需要，臨牀醫生明顯忽略了什麼。

背後原因也許很多，醫生工作忙、家屬不在場、死亡過程存有疑問有待釐清……情況都需要正視和改善。

臨牀如是，在殮房呢？病理科醫生又如何回應親屬的需要？

在殮房，每當我會見家屬，解釋解剖或遺體事宜時，同樣會穿上白袍。白袍，給醫生一份權威。我有時疑惑，我需要這份權威嗎？

解釋剖驗步驟時需要，處理專業意見時需要，但有時又會被醫學權威迷惑蒙蔽，叫我失去和親屬感性的「結連」。

我一直從事解剖，眼中是複雜的病理檢驗，全副精神和醫學知識都投放在不同的剖驗技巧中。

對面坐着的家屬，我忽略多少他們的需要？我看見他們嗎？

5.2 解剖的雙利刃

為死者剖驗，是解剖病理科醫生必須學習的技巧。醫學院和專科培訓中，醫生都清楚解剖的原因：了解不明死因、醫學研究、醫療控訴、意外索償、維護公義……解剖旨在追尋真相公義，推動醫學進步，卻並不如想像中「神聖」，無論剖驗結果如何，每次當我在死因裁判庭上呈報剖驗發現時，對愛他的親人來説，都是傷感的，畢竟它要死者承受「切割之苦」。

作為解剖病理科醫生，我一方面栽頭鑽研解剖，相信解剖發現的重要和美好，另一方面又近乎精神分裂的，想逃避解剖刀帶來的刺痛和傷感。

二零零七年發生在英國的一宗醫療事故，告訴我們解剖是如何的一把雙利刃。

Clara和丈夫有三個兒女，一家五口堪稱生活美滿。大女兒貝貝（Bethany）是個活潑可愛的小女孩，當年五歲，有一頭濃密而鬈曲的金絲髮和一雙明亮的大眼睛，對住鏡頭時笑得燦爛。

可惜這美好的家庭，遺傳了血病。

Clara的三個兒女，都患有「遺傳性球形紅血球增多症」（Hereditary Spherocytosis），由於先天性的基因變異，兒女的紅血球細胞支架出現缺陷，令紅血球無法維持正常形態——紅血球由正常的凹透鏡形狀變為球狀。這些不正常的紅血球，缺乏柔韌性，經過脾臟的幼細血管時容易爆破，體內的紅血球無時無刻大量耗損，形成溶血症。因此這三個兒女不時貧血，需要輸血補充。

長期輸血除了帶來皮肉之苦外，更嚴重的後果是過多的紅血球分解後，產生的鐵質會囤積體內，破壞器官，併發肝硬化、荷爾蒙失調、發育受影響等，需終生接受「去鐵」的注射治療。

但貝貝仍小，並沒有出現這些併發症。儘管不時出入醫院，卻沒有影響貝貝的學習和交友 —— 她如常的上學、結識朋友和玩耍，除了因體內溶血而有輕微黃疸外，以及因堆積過多紅血球引致脾臟肥大肚子飽滿外，貝貝和正常小孩無異。

貝貝的弟弟溶血情況較嚴重，為了減少紅血球耗損，醫生建議脾臟切除手術。弟弟接受了手術，貧血情況好轉，少了輸血，生活質素也大為改善。

有見及此，二零零七年七月二十七日，父母也決定為貝貝進行相同手術。

這據説是個簡單的微創手術，危險性並不高。Clara對手術充滿期待。

想不到父母的決定，是一場噩夢的開始。

醫護人員都一臉嚴肅，露出費解的樣子

Clara在手術室外等呀等，手術進行了差不多三小時，她開始擔憂，時間比正常的長了。時間分秒流逝，遠超上次貝貝弟弟的手術時間，

Clara在手術室外坐立不安，有種不祥之兆……

兩小時後，外科醫生、麻醉師和護士走進等候間，神色凝重的告訴她，手術出了嚴重岔子。所有醫護人員都一臉嚴肅，露出費解的樣子。

Clara深知不妙，鼓起勇氣問：「她……死了嗎？」

醫生點頭，告訴她手術中貝貝流了很多很多血，他們用了一個半小時嘗試搶救，但還是無法挽救。

貝貝死在手術檯上。

醫護沒再多說，也避忌透露情況，一切要在Clara循不同方法再三追查下才有了頭緒。Clara發現，為貝貝動手術的外科醫生是新手，以前只進行了三宗微創手術，而用作切除脾臟的「分碎儀器」以往只用於成年人，儀器上有鋭利刀鋒用作切割，而該外科醫生從前沒有使用這儀器的經驗。

為尋求真相，需要解剖

由於死亡或涉及手術失誤，為尋求真相，也為防止同類事件再發生，這宗醫療事故被呈報死因裁判法庭，需要解剖。

解剖發現，貝貝體內器官多處割傷受創，引致體內大量出血死亡。她的胃、大腸和大動脈都有刀傷，而大動脈更有兩道一厘米的切口，和「分碎儀器」的刀鋒大小相若。

貝貝死後十八個月，法庭展開死因審訊。十八個月來，Clara心力交瘁，為真相奔波，實在是另一趟的折騰。

而這年半以來，Clara的丈夫一直為自己簽名讓貝貝進行手術，深感自責。

法庭上，追尋真相過程同樣令父母難受。負責解剖的醫生圖文並茂，呈報貝貝的解剖發現。Clara因無法忍受和目睹女兒被剖驗，聆訊前退庭，在外等待，而丈夫對貝貝手術決定內疚，為了「贖罪」選擇留在庭內，看到一張張貝貝解剖時的圖片時，他在庭上徹底崩潰……

這宗醫療事故，在英國引起廣泛迴響，也因此釐定指引，帶動醫療改革。日後如有醫療事故發生，院方需對病人和家屬開誠布公，加強醫護與病人的溝通，也要改善醫生培訓、監督手術的程序等，事件亦喚起醫生必須明白自己的能力和限制……

Clara之後接受訪問時表示，丈夫在庭上觀看貝貝解剖的圖片後，情緒激動，心情受創，聆訊後不久因嚴重心肌梗塞離世，終年才三十一歲。Clara哀傷的表示，「沒人該看着自己的兒女，在解剖桌上被剖驗的情況……」

高舉解剖時，別忽略家屬的心靈代價

死因研究的解剖，無疑意義重大，對醫療、對社會、對尋求真相公義都舉足輕重。但無論理由多充分，解剖對家屬來說，都是痛苦的。公義和真理從來得來不易， 解剖病理科醫生在檢驗器官變化和高舉解剖的角色時，別忽略家屬的心靈代價。

解剖無情，死亡無法逆轉，家屬面對的哀痛可想而知。冰冷的刀鋒，如何窩心地顧及親屬感受？或許從一宗死因裁判法庭的個案，我們可以得到啟示。

二零一六年四月，死因裁判法庭為一名五十七歲婦人召開死因聆訊。 該名婦人三年前患末期肝硬化，於瑪麗醫院進行肝臟移植手術，可惜手術後翌日死亡。

死者長子為追究死因，與醫治的外科醫生對簿公堂。法庭傳召不少與手術相關的外科醫生、法醫科醫生和專家證人出庭，釐清死亡是否涉及人為失誤。

一個多星期的死因研訊，充滿張力，負責解剖的法醫科醫生解釋剖驗結果後，被死者長子盤問，盤問後兒子在庭上竟表示，母親被解剖後，相關切口縫合良好，令母親出殯時「個樣好好」，為此特意向法醫科醫生致謝。

法庭上，很少出現感謝的説話，這番話，彌足珍貴。

解剖後，病理科醫生或殮房員工都會為死者縫合切口，保留遺容。死亡意外，叫家屬難以釋懷，但專業而優雅的縫合技術，用心施行的一針一線，修補的不只是剖驗留下的缺口，也是安慰家屬的禮物，能紓緩憂傷，三年後家屬仍心存感激。

5.3　理解死亡，走出陰霾

對家屬來說，解剖需要心靈代價，但對一些家屬來說，解剖有它更深層的意義。

那是許多年前的事了。一名中年男子被發現昏迷家中，送院搶救，卻在短時間內證實死亡。

該男子曾是癮君子，獨居，有幾次販毒紀錄，不時出入戒毒中心和監獄，和家人關係疏離。好幾次犯事後，男子都表示會洗心革面，請求家人原諒，可惜每次出獄後，又抵受不住誘惑，回到黑社會羣體，再次吸毒販毒，令家人相當失望。

在最後一次出獄後，他向家人再次表明，自己已徹底改過，不再重蹈覆轍。

男子倒斃家中，警方在場調查，搜出幾個針筒，相信用作吸毒用途，初步推斷他因吸毒過量致死。

這說法對家人是一種打擊，兒子不相信父親仍會瞞騙他們，偷偷吸毒。家人對男子滿有信心，表示死者在獄中篤信上帝，已痛改前非，出獄後也修補了與家人的關係，不會再入歧途。

那麼針筒呢？為什麼在家中？兒子表示，相信是以前他未改過時留下而沒丟棄，或「友人」探訪父親時遺下的。

兒子堅信，父親不會再出賣家人的信任。

解剖檢驗發現，男子並沒有吸毒 —— 他死於自然。

男子最終履行了承諾，沒再沾染毒品。解剖結果，不單還男子一個清白，更安慰了他家人。

當兒子提起父親的解剖結果時，從眼神我看得出，父親沒令他失望 —— 由於父親的守信，兒子在往後的日子，終於可以帶着驕傲，原諒父親……

我想起另一個關於猝死的故事。

幾年前一個少女因不適入院，病情來勢洶洶，不足兩天就因嚴重感染併發多器官衰竭離世了。

愛女年少身亡，會客室內的父母和哥哥都很難過，母親捶胸，父親欲哭無淚，而哥哥像洩氣的氣球，低頭沉默寡言。

少女溘然而逝，叫人唏噓。但報告顯示她嚴重感染，死亡原因早有定案，為何仍需轉介給我們呢？

母親問：「可以不下刀檢查嗎？」

會客室內，我嘗試了解家人對解剖的看法，對話被哭泣和哽咽打斷，零零碎碎。女兒病得辛苦，死得痛楚，他們明顯不想她再添一刀。

「醫療報告顯示，敏詩受嚴重感染併發器官衰竭死亡。如果你們對醫院沒有投訴、也沒有保險等問題，解剖是可以豁免的。」我解釋解剖的意義。

父母和哥哥向我點頭，表示明白，沉默一會，內心掙扎什麼。

母親問：「可以不下刀檢查嗎？」

我抱歉的告訴他們，如果解剖，必須在胸腹和頭後開刀，全面檢查每個器官，並沒有「不用刀的檢查」。我心惴，如果愛女心切，面前的親屬為何不乾脆拒絕少女剖驗呢？

「徹底檢查，是否就可以知道細妹為什麼會受感染了？」哥哥看父母一眼，抖擻語氣問，像為他們提出問題。

原來他們想清楚了解感染的潛藏原因。會見他們前我早翻看臨牀檢驗，老實告知：「我不肯定。敏詩住院時已作了很多檢查，解剖後也許不會有更多發現。但統計上約一至二成的解剖，對死因會有新發現，是臨牀始料不及的。」

「還不到兩成，別做了。」母親就是不忍心，晦氣的決定。

「你說了要算數。」父親終於開腔，半提點半責怪，「以後別再東想西想。做和不做，大家都不要後悔。」

請小心解剖，我把她交給你了

由於他們對解剖仍有掙扎，我讓他們出去等待區，安靜地討論一下。

十五分鐘後，他們取得共識，臉上流露堅定神情。

「醫生，我們決定解剖，想清楚細妹為什麼會受感染。她這麼年輕，身體又好，好好的人這麼快垮了。」

「醫生，希望你詳細為她檢查，我們都不想敏詩死的不明不白。」母親語氣軟化，作揖請求我。作為母親，她陷於兩難 —— 要追求真相，還是讓女兒捱多一刀？

「解剖就這樣決定了。無論結果怎樣，找不找出原因，我們一家人一條心，都要接受。」父親總結。

臨走前，母親又叮囑我：「請你小心解剖，儘量找出原因。我把她交給你了。」

「我會盡力的。」我回答，感受到肩上的重量。這把解剖刀分外沉重。

解剖桌旁，「我把她交給你了。」又在耳邊響起。因為愛，這家人為女兒的死心痛哀慟，也因為愛，他們想了解女兒的一切，把女兒交給我，尋找死亡最深處的原因。

得出死因，可讓他們更容易接受女兒的離開。

我的刀，要剖進那不足兩成的機會中。

死亡被理解清楚，人就有力量放下過去

剖驗後發現，少女因身體毛病誘發免疫系統失衡，因此容易感染，

感染後一發不可收拾，最後導致多器官衰竭死亡。

兩個月後一個明朗的中午，我有機會再和哥哥談話，說起少女，他告訴我死因裁判法庭早通知家人領取剖驗報告，「原來細妹是這樣離開的。」哥哥的語氣平靜下來，彷彿雲淡風清。

一切明白了，明朗了，他們一家正走出對妹妹死亡的疑惑，對家人來說，死亡被理解清楚（make senses） 後，心就踏實，人就有力量放下過去，一步步走出哀傷⋯⋯

5.4 醫者的眼淚

全港共有十六間公營醫院和四間公眾殮房附設解剖室，供遺體剖驗之用。

法律規定，某些死亡個案必須呈報死因裁判法庭，研究解剖的可能。家人對於解剖，總於心不忍，不想死者再受皮肉之苦，尤其一些兒科病人，父母多無法接受剖驗，甚至在病理科醫生面前傷心捶胸，聲淚俱下的請求豁免剖驗。

面對這場面，病理科醫生多會「説之以理」，在白袍下既專業又理性，卻很少動之以情。但冷面又理性的醫生，也有「破冰」的一刻。

一名兒科癌症病人，化療期間因發燒入院，以為留院幾天便沒事，料不到幾天後情況急轉直下，離世了。

癌症病人發燒並不罕見，病人死於自然，本可發出「死因醫學證明書」等待殮葬，卻因涉及醫療糾紛，需病理科醫生介入個案。

雖然死因明確，但父母咬定院方未能妥善處理兒子的病情，延誤醫治，害死兒子。他們斥兒科醫生是「殺人兇手」，向病人聯絡主任和管理層投訴。院方和父母開了幾次會議，父母不滿院方解釋，劍拔弩張，表示要向傳媒揭露事件，還揚言召開記者會……

父母明顯對醫院積壓了許多不滿，由於事件或涉及醫療控訴，自然需轉交死因裁判法庭處理，研究解剖的可能。

病理科醫生在這情況下隸屬於死因裁判法庭，處理解剖，需要保持身分中立，不偏袒醫院和家屬，專業地向家屬解釋解剖的過程和原因，並提供適切協助。

會見室內走進兩名中年父母，憤慨、哀傷、不滿、無奈、敵意，很複雜的情感。接見他們的是一名資深的女醫生，她先讓父母坐下，循例了解病況，父母把男孩平日健康的生活娓娓道出，孩子如何的天真而聰敏，發燒後他倆如何二十四小時留守在病房陪伴兒子，懷疑細菌感染時接受的治療和痛苦，手術後承受的後遺症，兒子臨終前的反應……説時父母泣不成聲，坐在對面的病理科醫生，只默然的遞上紙巾，讓他們宣洩情感，並沒有插嘴妄加意見。

萬料不到，一向專業理性的女醫生聽着聽着，想起自己年紀相若、健康活潑的孩子，天下父母心，頓時感同身受，明白眼前父母的哀痛，鼻子酸溜溜的，眼淚一同流下來，也哽咽的抽出紙巾拭淚……

家屬和醫院敵對，眼淚把一切化解

接見室內，醫者和父母，一併為孩子的離去傷感流淚。

在一個最悲傷的時刻，在這本來是家屬和醫院敵對的環境下，眼淚把一切化解了。

父母見面前的醫生也在揩抹淚水，漸漸地收起眼淚。在這裏，他們找到一個明白自己的人，醫院對兒子的死並非無動於衷……

死亡解剖前，病理科醫生本可以「專業」地抽離，「實事實辦」的講解清楚就完成任務，但她容讓感性投入，真誠地感受家屬的哀傷，安慰了他們。這一幕充滿人情味。醫者和家屬繫於同一情感，因為這心與心之間的連繫，他們同感生命的無常⋯⋯

前電視藝人陳敏兒的五歲小兒子諾諾離世後，在「生死兩相安」專題（見《溫暖人間》，2015年）中分享她和醫生的一段經驗。回想小兒不幸患上血癌，為照顧諾諾，她身心俱疲，當其他人共享天倫，自己卻要為兒子奔波受難，心裏就充滿怨嘆苦澀，「不可理喻地恨那位宣告我兒子患有不治之症的醫生」。

還沒完成療程，諾諾卻癌症復發，本該令她大受打擊，唯當那名女醫生宣告這壞消息時，母親看面前醫生眼中的淚水，見她強抑傷感，同樣「為這個受苦的小生命心痛」，母親的情感起了微妙的變化。

母親深受感動。那刻，專業的醫生成為她的戰友，一起行這人生艱難的路，她開始對醫護人員多了體諒，感激醫護人員未宣之口的情。

原來當醫護人員體諒死者家屬，這份關懷是互動的，讓彼此放下成見，冰釋怨懟。

會見室內，病理科醫生和父母同為小生命流淚，真情的流露，一下子化解了醫者和病者間的衝突，最後那對父母決定不再追究醫院，解剖得以豁免。

5.5 救贖

會客室走進警員、死者的丈夫和他的弟弟。

天空灰暗，鉛一樣的厚雲，水彩般把昨日還澄藍的天幕倏地抹煞，冷鋒趕至，氣溫急降，預示世事也常風雲驟變，叫人措手不及。丈夫身穿黑色抓毛衣，憂鬱的臉暗湧出陰霾，把生命重重籠罩圍困。

我示意他們坐下，丈夫點頭後沉沉的坐在椅上，像包洩氣的米袋，歎口氣，鼻息好長好重，這口歎息彷彿會佔據他一生，滲透他生命的每個細節。

尖削的面，兩頰殘留着青春豆遺下的疤，才三十歲左右，一個多月前才歡歡喜喜的作父親，現在孩子便失去了母親。命運極諷刺，為他家添上生命後，又奪走摯愛的妻子。

我一貫地請他簡述太太的死亡經過。

丈夫深吸口氣，欲言又止。我明白，每一次的複述對他來說都是一種創傷，令無法結痂的傷口再次撕裂淌血，弟弟望他一眼，見我桌上放了一厚疊死者的病歷，向我建議：「醫生，病歷都在了，你可以把你知道的複述，有問題的話讓他回答是或不是，不更好嗎？太太離開了三天，這幾天他已重複了好多次，真的不想再說。」語氣倒客氣。

妻子猝死，丈夫要向親戚朋友同事交代，加上死亡個案轉交死因裁判法庭跟進，警方需介入調查，錄取口供，不難想像這幾天丈夫已把妻子病逝的消息一再重複。悲劇不堪回首，弟弟的建議不錯，是個減輕傷痛的方法。

其實丈夫來到前，我早翻閱死者的病歷，初步了解事件，但病歷始終是醫生單方面的記錄，解剖前我必須從丈夫口中知道他對事情的看法，這有助我掌握死者親屬對整件醫療過程的理解，從而評估臨牀醫生的溝通是否足夠、醫療控訴的風險、需否解剖等。

毋需詳述，簡單說說便足夠了

我抱歉必須在他傷口上再次灑鹽，於是解釋病歷由醫生撰寫，或有不全面的地方，我需要從他們口中直接了解事件，評估解剖的迫切性。「毋需詳述，簡單說說便足夠了。」我重申。

倚背垂頭的丈夫，像作錯事的小孩，聽完我的解釋後坐直身子，抬頭仰望，眼睛滲着紅絲，又「唉——」的長呼口氣，像問蒼天，又像抖擻勇氣，把七零八落的自己重新拼湊。他再深吸口氣，眼神堅定的望住我說：「好吧」。嚥下口水，像把苦澀也一併吞下。

他雙手插進衣袋，彷彿這樣就可以躲在溫暖的角落，逃避外面不真實的寒流。他目光移開，思緒頓時飄遠，我知道這個多月來片片零落的碎屑，再次如拼圖般在他面前展現。

我以為他會受不了，他卻意外地克制、冷靜，有條不紊地把妻子生產後的經過說出，那是一段傷感的回憶，如影像在眼前放映：妻子一直有頭痛問題，懷胎後期情況更甚，用止痛藥只稍為控制，以為生產後會好些，卻在產後約三星期，吃飯時突然無法舉箸，行動困難，說話不清，思路紊亂，且一度失憶，經檢驗後發現腦內有約三公分的血管瘤，且已栓塞引致中風。

她問我該不該進行，我説對醫生有信心

入院後腦外科醫生用藥物把病情稍為控制，妻子回復意識，曾一度失去的記憶也回來了。駐院醫生把妻子轉介到我院跟進。「因為這裏有最富經驗的醫生處理血管瘤。」這句叫人滿有希望的説話，憶述時卻帶着疑惑。

醫生很快安排了手術 —— 移除腦中異常的血管，再取出前臂的一截橈動脈，接駁腦血管作分流，情況像封殺一截河道後，再闢蹊徑連接下流，讓血液川流不息，供應腦部養分。

這是一項大手術，風險極高，手術前妻子尚清醒，兩人討論是否進行手術。「她問我該不該進行，我説對醫院的醫生有信心，何況醫生表示單靠藥物無法完全控制病情，手術雖有風險，卻是長遠之計，就説服她作了。」

手術進行了十小時，血管總算接駁順利，妻子更在手術後蘇醒，甚至在康復室和丈夫應對如流。在會客室裏，丈夫的眼神仍在告訴我，這是一段極甜蜜時刻。

但若干小時後，醫生告訴丈夫，電腦掃瞄發現妻子情況不妙，腦水腫嚴重，需要為她作深層麻醉，「好好休息腦部」，也要再進行手術，

在腦袋放進管子緊密監察腦壓，丈夫問妻子如何，「她回問我的意思，我想了想，説畢竟最大的手術都跨過了，做就做吧，大家同意了。」

腦外科醫生説要進行手術，你認為怎樣？

這對年輕的夫婦，彼此握住對方的手，要闖過這一關，承諾水腫好了，大家又會再見，只是睡一覺而已。

這一聲同意，頓成永訣。

妻子的腦水腫演變成難以控制的「惡性」水腫，她瞳孔發大且反應遲緩，腦外科醫生再作了幾次手術，但妻子還是離開了。

我讓丈夫把故事道出，沒有打斷他。他沒有呼天搶地，出乎意料的平靜，但傷感仍如濃霧重重籠罩整個會見室。法律規定，任何在大手術四十八小時內死亡的個案，都必須呈報死因裁判法庭，於是個案轉來病理部。

不是所有呈報死因裁判官的個案都必須解剖，法律賦予病理科醫生權力，根據情況替家屬向法庭表明死因，向裁判官申請豁免剖驗，像面前的個案，死因明顯，保險不是問題，又不涉及醫療事故，只要親屬對醫院處理手法沒有不滿，表明不會投訴或控告醫生，解剖基本上可以避免。

丈夫闡述病情後，情緒稍定，問我：「醫生，請問你，這麼大的手術是否必要？當時太太中風後服藥，情況已有好轉，但腦外科醫生卻說要進行手術，你認為怎樣？」那雙流露期盼的眼神，像要從我口中探索什麼。

我要保持角色中立，不偏袒醫生或死者親屬

我不其然坐直身子，像要為迎接什麼作好準備。這是個極具挑戰的問題，我必須小心回答。作為隸屬於死因裁判法庭的病理科醫生，我要保持角色中立，不偏袒醫生或死者親屬，我應如何回應他的疑問？手術是必然的選擇，這是我知道的事實，如此大的血管瘤，隨時有破裂的危機，還出現栓塞的併發症，不動手術就是讓炸彈留在腦裏，到爆破時才醫治就更困難了。只是要移除這麼大的血管瘤，手術風險太高，何況藥物已經改善了妻子的病況，如果當時不急於進行手術，就不至於現在離世吧？

但歷史又豈容得下「如果」？況且這涉及很專門的腦外科知識，我於是如實回答：「我是病理科醫生，恕我無法準確回答手術是否適合。你尋求專業意見比較好。」

他告訴我，昨天已問了兩名腦外科私家醫生的意見。「他們都表示若不作手術，如此大的血管瘤會隨時爆破，到時更難救了。」眉頭再次深鎖起來，沉重的歎氣緩緩自鼻孔逸出，像皮球的出氣口，把讓身體挺起的勇氣也洩了出來，搖搖頭，認命似地再次陷在憂鬱的沼澤中，彷彿

永遠也逃不出來了。

我沒法測透丈夫背後的意思，他心裏到底想什麼？私家腦外科醫生的意見，會令他認同我院醫生的處理方法嗎？或暗示腦外科醫生都醫醫相衞，不可相信？如果這樣，手術就不必要地引致妻子死亡了。

解剖檢驗有助你了解事件

這是關鍵，我要把問題釐清，於是開門見山：「如果你對醫療過程有懷疑或不滿的話，解剖檢驗有助你了解事件，日後如果展開聆訊的話，報告也是有力的呈堂證供。」

他和弟弟「不不，算了」的擺手，滿不情願的模樣，堅決得像我誤解了他們，更一再強調，人死了仍要追究太累，對醫院實在沒有不滿，絕無投訴，要求我為他們豁免剖驗。

他們一再反對解剖，既然如此，我為丈夫向法庭申請豁免解剖。

大家簽名核實後，我進入殮房，再檢查遺體一遍，整個會面便快完成了。

死者頭頂緊纏住紗布，層層疊疊，因頭顱骨已被移去以騰出更多空間供腦袋膨脹，隔着紗布輕按時指尖下是腫脹的大腦，恍如觸碰一個堅實的足球。她左手前臂上有一道縫合的橈動脈傷口，用作腦血管的分流，二十五厘米長，卻彷彿一直伸延至人的心，形成一道無法癒合的淌血瘡疤，看者心酸。肚皮一條開始褪色的妊娠紋，垂直在肚臍上，把死亡襯托得那麼意外，那麼不真實，而那兩葉本來完整的顱骨，如破裂的碗，安放在遺體身邊，殘忍的道出一個家庭的破碎……

見了死者，令我更體諒丈夫

如此年輕，卻在手術後猝然離去，在死亡面前，我們都顯得不堪一擊。我戴的口罩，又被呼出的氣沉重的鼓起來。

我檢查屍體，真切感受到丈夫的傷感和無奈。面對死亡時，我總嘗試避免質疑，但現在面對如此年輕的生命，問語就像壓抑水底的浮標，再也按捺不住，霍地湧上來：「如果不做手術，她便不會死，一家好好的生活吧？」

但生命的進程容不下「如果」，發生了就要面對。我如此説服自己，但這一問卻揮之不去。

問題突如襲來，如蛇一樣纏繞我。它也一樣會纏繞着丈夫吧？

因為這問題，我和丈夫在某點相遇了，感受到他的無奈和悲哀。

回會客室，撰寫完豁免解剖的申請書和體檢報告後，丈夫仍沒有離開，我一轉身，又遇上那雙憂傷疑惑的眼神。也許是工作終於完了，也許是不忍再見他漫無目的之目光，也許因見了死者令我更體諒他，我把剛才會面時抽離的自己拉回來。

我走近，對他說：「豁免解剖的申請書我們會遞上法庭，希望法官批准吧！手術的結果，沒人料得到，但如果我是你，面對這血瘤情況，我也會同意進行腦手術的，因我相信這是最好的選擇。希望你毋需自責。」

如果我是你，也會同意進行腦手術

我留意丈夫的眼神，那本來如將熄燈火的眼神，竟被燃點了，這像是他等了一輩子的話，令他眉心寬開，嘴角微微翹起，心領的回應：「謝謝你，醫生。」

我也向他點頭，倏地心裏冒起一種感覺，我們之間有什麼結連了。

啊，原來他一直為自己說服妻子進行手術而深感自責自疚，獨困愁城無從宣洩，無法自我開解。他要的不是親友安慰的說話、專業意見或理性分析……他要的，只是簡單的從他人口中，肯定自己所作的決定，尋找救贖自己的一句話。

我用眼神鼓勵他振作，他也以眼神回應我，彷彿彼此有了共鳴。

5.6 婆婆的疑慮

星期六早上九時，殮房主任還沒到辦公室，周婆婆已在殮房大門外等待，一臉憂忡。

主任心知不妙，周婆婆似乎仍未接受老伴的離世，心裏戚然。

「曾主任。」周婆婆見殮房主任走近，站起，語帶懇求：「請你幫幫忙吧。」

老伴長期病患，轉去療養院康復，住院期間進展良好，料不到幾天前卻在睡夢中猝死，死因有許多無法釐清的地方，須交由死因裁判法庭處理。昨天早上周婆婆和女兒向病理科醫生苦苦哀求，又親自去法庭見法官請求豁免解剖，幾經折騰後法院還是批下解剖令。

判決很無奈，殮房主任昨天下午把法院的結論告訴婆婆時，她在電話那邊呆了好一會，像消化什麼噩耗。

殮房主任明白，周婆婆今早來見他的目的，該和這有關。

「婆婆，我明白你不想解剖。但大家已盡了最大努力，又和法官談了，能作的都作了，你也別自責。」主任慢慢解釋：「我們會儘快安排剖驗，不會耽誤你辦理身後事的。」

聽到「剖驗」兩字，婆婆悲從中來，握着的拳頭按在胸上，情緒激動，鼻子一酸，唇在顫抖，眼淚潸潸而下。

「曾主任……請你不要……解剖。」

「婆婆，這是法庭命令。如果堅持不解剖會耽誤身後事，我們都想公公早日入土為安。」

「請你再……再想想，一定有……辦法的。」聲音像斷了弦。

「婆婆，對不起——」

婆婆方寸大亂，突地整個人跪下，俯伏在地，哀求：「曾主任，請做做好心，再向法庭求情說說吧！」

周婆婆的願望，是推翻法官昨日的判決，這是不可能的任務。

讓我們坐下談談吧

主任手足無措，自己才三十出頭，如何承受七十多歲的婆婆下跪哀求？還有其他人在附近望着呢。他蹲下，企圖叫婆婆站起來，婆婆就是不聽。

「請別這樣，讓我們先坐下談談吧。」主任安慰婆婆。

會見室內，婆婆談起老伴在病房的情況……

我想起另一個婆婆，同樣失去相隨五十多年的老伴，也同樣和我談及老伴的病情。

老翁急病死亡，遺體在殮房期間，張婆婆每天都去見老伴，在瞻仰室往往一留就數小時。如果沒人輪候又不太影響殮房運作，員工都不會打擾她，讓她自行離去後才再把遺體放回冷藏格內。

每次離開，她都會釋然一點。每天的相伴，讓她逐漸接受丈夫的離去，哀傷稍稍紓緩。

兩個星期後，殮房服務員阿積來我辦公室，遞給我一封信。「陳醫生，張婆婆有封信，說要給醫生看。」

信沒封口，我抽出裏面的三張信紙，上面洋洋灑灑的寫了近兩千字。黑色的字體顫巍巍的，但仍工整的沿着信上一條條淡藍色橫線井然排列。

署名是張婆婆，對一個八十多歲的人來說，親筆寫這封信很不簡單。

婆婆宣發感受，道出自己和老伴沒有兒女，相依為命逾半世紀；信中記載了五十多年來的一些往事，處處流露對老伴的不捨，說到激動時字體也有些潦草。談到住院期間，對醫生的一些檢查，進行的治療和處理方法，產生了疑問。

我驚歎婆婆這把年紀，仍有一雙良好的視力，思路清晰，心思慎密，以及流暢的表達能力。

在殮房，病理科醫生成為他們的「主治醫生」

「這些關於診治的問題，婆婆該直接聯絡主治醫生解釋吧。」我用了頗長的時間看完信後疑惑。

「我們和主任也這樣告訴她。她說見了病房姑娘，姑娘解釋主治醫生正放長假，而且病人已在殮房，叫她找那裏的醫生問。」阿積告訴我。

病人離世後移送殮房，這裏工作的病理科醫生順理成章成為他們的「主治醫生」。

一個瘦弱身軀，在殮房和病房間來回折返。

為了解病情幫助婆婆，我登入病人檔案，查看老翁資料。

這明顯是宗自然死亡個案，「死因醫學證明書」早發了，也不涉及投訴，似乎張婆婆愛夫心切，想弄明白老翁死前的事情，了個心結，心安理得。

「老翁明天『院出』（則直接由醫院异送火葬場，不經殯儀館）。陳醫生，你能不能幫忙？」阿積明顯憐惜婆婆，對婆婆這人球也感無奈。

我想了想，來到殮房，張婆婆坐在等候區，見我走近，顫抖抖的站起，很有禮貌的點頭。

她一身黑色素衣，話不多，神情憂鬱而流露期盼，像正待成績表的學生，等老師的評語。

我把她帶進會見室，並肩坐在一起，問她有什麼需要。她有雙佈滿青筋和深刻皺紋的手，和弱不禁風的瘦小身體。

她把信的內容略說了一遍。

我評估她對丈夫的死亡，有沒有不滿意的地方。

「陳醫生。」她看着我名牌，稱呼我，像對一個小孩苦口婆心：「我先生快九十歲了，還有什麼不滿意呢？我真的沒什麼投訴了。」

很明事理的長者。

對死後某些疑問，病理科醫生可以協助吧？

「我們兩公婆什麼都會談，只是他死前一直睡，沒法告訴我他的情況，醫生也沒時間見我，就這樣走了。我很想知道他死的時候怎樣，可惜沒人可以問清楚……」

我問她知道老翁的死因嗎？她搖頭。

啊，原來如此，連死亡原因也不清楚，對婆婆來説，丈夫的死真有點不明不白了。

婆婆殷切望着我，期望説服我，從我口中得知老翁的病況。她對丈夫深愛有加，想知道他死時的身體狀況，容易理解。這疑惑一直壓在心頭，叫她耿耿於懷，寫下封長信抒發感受。明天丈夫就火化了，她還可以向誰詢問丈夫病情呢？在醫院其他部門，病人家屬都可以找臨牀醫生了解病況，在殮房呢？當然關於病況家屬可找生前的主診醫生幫忙，對於死後某些疑問，病理科醫生還是可以協助吧？

我根據病歷，把老翁死時的情形告訴她，以及解釋「死因醫學證明書」上那堆潦草的醫學名稱。

「就是這樣？沒有其他大問題？」她問我，像不相信丈夫死的病情如此這般，大概沒有想像中的複雜痛苦。

謝謝你們照顧他，我安樂了

我點頭，告訴她公公就是這樣，身體器官功能逐漸衰竭，安詳地離去。

她穩妥的舒了口氣，坦然一笑，「謝謝你們照顧他，我安樂了。」在滿頭青絲和紋絡中，她的笑容流露安慰和滿足，像得到老師最好的評語。

說回約見殮房主任的周婆婆，丈夫離世後需要解剖，她心上也同樣壓着沉重的心鎖。

殮房主任帶婆婆進會見室，兩人坐下，傾談了良久，曾主任發現婆婆既內疚又自責，問下去她才道出，由於復康醫院位置偏遠，自己當時又不適，沒能每天到醫院探望丈夫，錯過在丈夫離世前見他最後一面。

這成了她的遺憾。

「這樣吧，周婆婆，我帶你去見你先生。我們把他送到瞻仰室，你和他說些話吧！」主任建議。

「我真的還可以再見『伯爺公』？」婆婆眼睛明亮了。

「當然，隨便陪他談多久也行。」曾主任微笑。

殮房主任終於明白，周婆婆一直為未能見丈夫最後一面無法釋懷，像虧欠了他，生怕解剖後丈夫會「肢離破碎」、「顏面無存」，不再是以前的「伯爺公」。

對於這誤解，曾主任向她解釋，剖驗會儘量保持儀容，穿上衣服後幾乎看不見傷口的，而且她可以隨時在辦公時段來殮房瞻仰遺容，和丈夫見面。

掩上門，周婆婆在瞻仰室和丈夫逗留了個多小時，出來時，心情平靜，向曾主任道謝後，沒有再提出推翻解剖的裁決。

兩星期後她接走丈夫，處理殮葬事宜，殮房也走完跟她同行的一段路。

儘管無法避免死亡，但你們讓我們知道人間有情

一個月後，殮房收到張感謝卡，周婆婆的小孫兒繪了張圖畫，上面的字有點歪歪斜斜：「親愛的殮房員工：我們衷心感謝你們，感謝你們給的專業、充滿尊嚴、和溫暖的服務。儘管我們都無法避免死亡，但你們讓我們知道，人間有情。謝謝。」

我想起張婆婆，火葬後她也折返殮房，親自向殮房員工和我再次道謝。

周婆婆張婆婆，謝謝你們給殮房的鼓勵，把需要告訴我們，讓我們陪伴你們，也讓我們知道，殮房也可以成為充滿溫情的地方。

5.7 未完的剖驗

案頭的電話響起，是兒科的卓醫生。

「陳醫生，我剛收到你的解剖報告，參考編號AA10。」卓醫生的聲音清脆，也許常接觸小孩的緣故，嗓子嬌滴滴的，是兒科醫生獨有的表達方式。

卓醫生的語氣，明顯不只是告訴我報告剛到手，而是想弄清楚什麼，我肩膀托住電話，雙手在鍵盤跳動，輸入檔號，死者資料馬上在電腦屏幕展示。

覃霖，一個月大的新生兒，我不會忘記她，除了因為新生兒夭折而需要解剖的個案少見外，更因為在醫學上這是特殊的解剖發現。

「你報告的意思是，那是基因出問題喲。對不？」

「的確如此。」

「是遺傳的嗎？」卓醫生的問題很重要，如果基因異常來自父母，他們的下一胎就有機會再受影響。

「經反復研究後，發現是源自胎兒的基因突變，並不是遺傳。」我告訴她，也是説，受精的卵子在分裂過程中，基因產生變異，嬰孩的健康就出現問題了。這種基因突變，與父母無關。

「父母沒事就好，他們下一胎與正常夫婦無異。」卓醫生鬆口氣，「『脊髓肌肉萎縮症』是罕見的病呢！難怪臨牀表現總怪怪的，和一般早產嬰不同，現在終於明白了。」卓醫生輕快的語氣，彷彿我的解剖發現釋去臨牀難以理解的疑團。

「還有什麼需要我跟進的？」

「跟進？對，這是很好的教材，很值得學習喲！我們日後可能會和產科開會研究個案，到時請你來談談解剖發現。還有，也許還會寫個文獻或教材，和其他的醫生分享。請你也準備些圖片資料。」

這是宗臨牀解剖，父母早簽了同意書，讓解剖發現作研究用途。作為教學醫院，我們會把握機會，把學習到的，藉着開會和文獻，與不同醫生切磋。也會製作教材，與醫科生學習，推動醫學進步。

「沒問題。」

「那謝謝你。拜拜。」

我相信，開了大會發表文獻後，個案就該畫上完美的句號了。

Case closed。

不知怎的，我仍覺得，即使如此，還是缺失了什麼。

我們彷彿忽略了某方面的關顧。

那不在醫學發展，而是父母的需要。

如坐過山車，經歷了甜美驚嚇擔憂失望

那彩色的小瓶，盛着霖霖的骨灰，你輕放在骨灰龕位上。

瓷相是一張酣睡的早生嬰兒，眼睛緊緊合上，嘴巴也閉着。嬰孩的眼睛，一直被眼罩蒙住，從沒有打開過，而那張嘴，只連接呼吸機，直

至無法呼吸為止。

拔除探測生命的儀器、點滴、眼罩和氣喉的霖霖，孑然一身，顯得如斯清純、安詳、可愛，脱離了痛苦，拳頭放鬆，酣睡在自己的夢境世界中。

她如此嬌小，才三十四週大，出世三週，這九個多月，你如坐過山車，經歷了甜美驚嚇擔憂失望……和哀傷。

謝謝你，給我的一切經驗。你一邊抹乾淨瓷相，心裏呢喃。

心仍戚然，但最艱難的時刻總算過去了。回想一年前驚心動魄的下午，仍歷歷在目。

霖霖產前檢查並無異樣，你和丈夫興致勃勃的迎接新生命，名字也改好了。那天你突然發現霖霖在肚子裏，沒以往活躍了，踢得沒那麼起勁，你知道，這並不是好兆頭，於是趕緊去醫院。

醫生檢查後，説嬰孩出現心跳加快和缺氧現象，決定馬上剖腹生產，你只是擔心顫抖，流着淚猛點頭，簽名時手還在抖，一陣混亂中，霖霖終於來到世界。

甫出世，霖霖沒有哭，全身像豆袋公仔一樣，軟弱無力。實習醫生馮醫生説，是因早產加上腦部嚴重缺氧，令肌肉軟下來。

之後的三星期，你和丈夫夜以繼日的在霖霖牀邊，守望着這弱小的生命。看着小生命身上插滿喉管點滴探測儀，你倆心如刀割。

儘管全力搶救，可惜因為肺部的問題，霖霖匆匆走過人生。

你把花瓶的小花換掉，放下一個小熊玩偶。霖霖，生日快樂，你說，放下這第一個生日禮物。你把骨灰龕位打掃乾淨，抹去灰塵，收拾起垃圾，佇立默禱。

「媽媽要走了，清明節和爸爸再來看你。」你告訴霖霖，完成探訪。

不知怎的，你仍覺得，還是缺失了什麼。

是什麼呢？你不很清楚，總之霖霖像沒有俐落的離去，她留下一條尾巴等着你……

回家路上，你把過去和霖霖的經歷從頭細想，才記起實習醫生馮醫生的話：「我們相信覃霖因早產加上腦部嚴重缺氧死亡，只是身體軟弱程度比一般缺氧情況嚴重。如果你們同意，我們希望替霖霖作解剖，請病理科醫生研究一下，證實死因，日後也讓我們更能掌握相似的病況。而且解剖也有助排除一些遺傳病，為你們再度懷孕作好準備。」

解剖主要作研究用途，必須徵求你們同意

「這叫『臨牀醫學解剖』，由於主要作研究用途，必須徵求你們同意。如果我們發現某些遺傳病或影響你們下一胎的話，會再通知你們。」馮醫生解釋得清楚。

在你印象中，當時該問了剖驗的細節，心想如果霖霖的離世可以令醫學進步，她匆匆的一生也沒有白過，況且她是如此可愛，一定是個願意為社會付出和貢獻的好孩子，就簽名答應了。

解剖沒有影響霖霖儀容，當你接回她時，霖霖被嬰兒布裹着，和其他嬰兒毫無兩樣。你壓根兒忘了解剖這回事。

之後你忙於處理火葬事宜，又約親友在醫院的小禮堂舉行小型送別會，再把買的和親友送的嬰兒用品處理掉，又要安排骨灰龕的事……過程中你該上了一趟醫院覆診，但當時剖驗結果仍懸着，而你的身體康復了，又沒有再次懷孕的打算，就不再跟進，close file 了。

今天探望霖霖後，你想着想着，一下子醒起來，你曾同意為霖霖解剖！

霖霖仍有份剖驗報告等着你。這時你有股衝動，想了解霖霖的病情，去發掘她留在世間最後的「遺物」。

你來到新生兒深切治療部，無論如何再不想踏進去。這裏每位醫護都像衝鋒陷陣，哪會有時間處理這發生在一年前的事？你該如何開口請求呢？而且這裏有你最傷感、不堪回首的回憶，一來到門口看到其他父母守候時哀傷的眼神，就打退堂鼓。

哪有人會再大費周章幫助一年前死嬰的母親？

事過境遷，當年實習的馮醫生也離職了，而你也忘了主治醫生的名字。

霖霖的最後報告，還可以問誰呢？

對，你想起來，這是解剖，在殮房進行。你可以去殮房一趟，問問究竟。

你抱着儘管一試的心情，來到殮房。

這是真正的Closure

近中午時分，我約見你們。

你和丈夫都有些訝異，原來病理科醫生也會見家屬，殮房也有間診所——「親屬診所」（Next of Kin's Clinics）。

「經過解剖和基因測試，我們發現霖霖得了一種先生性的疾病——『脊髓肌肉萎縮症』。由於脊髓神經元受影響，令她的肌肉無力，出世後四肢軟弱，臨牀表徵和腦部缺氧很難分辨。」我把解剖結果詳細解釋，「這病也影響呼吸功能，造成肺衰竭。」

你倆疑惑，這會遺傳嗎？

我安慰道，這屬基因突變，你倆的下一代，並不會因霖霖而有什麼分別。

你倆點頭，霖霖的死因，三言兩語間終於水落石出，清楚了。

這報告，填補了你心中最後的缺口，滿足的離開。像拼圖，把遺漏的最後一片補上。

謝謝你，霖霖，你留下的死亡報告，是最後的説話，釋去母親的疑問，讓父母更安然走出陰霾。

這是真正的closure。

殮房冷知識：親屬診所（Next of Kin's Clinics）

「親屬診所」是位於殮房、專為死者親屬而設的診所，在外國的一些殮房推行，是殮房服務的另一概念，香港的醫院暫時並沒有正式的「親屬診所」。外國的「親屬診所」主要由病理科醫生為親屬解釋解剖發現，但相信它更重要的角色，是整合對親屬的關護，提供適切與死亡有關的服務，從而達至「生死兩安」。因此它該由殮房工作者和病理科醫生同時主理，服務範疇包括提供身後事的資訊、解釋遺體在殮房會出現的變化、統籌遺體或死後器官的捐贈、安排病理科醫生接見親屬，和支援哀傷等。

對於一些自殺身亡的個案，有研究發現家庭成員的自殺傾向也會增加二至三倍，診所該和坊間的機構如「香港撒瑪利亞防止自殺會」合作，轉介有需要的家屬，提供輔導，及早預防悲劇再度發生。

因此，「親屬診所」旨在提供對喪親家屬的照顧，也是個平台加強「醫社合作」轉介有需要的喪親家屬，強化殮房對人的關懷，帶出殮房「以人為本」的一面。

殮房冷知識：死亡解剖全面睇

死亡解剖分兩大類：死因裁判法庭個案的解剖（Coroner Autopsy）和臨牀解剖（Clinical Autopsy）。

在醫院，當發生以下二十類死亡情況，就屬死因裁判法庭個案，醫生需向死因裁判官報告，研究解剖的可能：

- 死亡原因不明
- 在突然 / 沒有得到診治的情況下死亡，死前被診斷為末期病患者除外
- 意外或受傷所導致的死亡
- 罪行所導致的死亡
- 施用麻醉藥導致死亡，或在接受全身麻醉的情況下死亡，或於施用麻醉後二十四小時內死去
- 手術所導致的死亡或在手術後四十八小時內死亡
- 職業疾病導致的死亡，與現時或以往的職業有直接或間接關連的死亡
- 胎兒死亡
- 產婦死亡
- 敗血症導致死亡，而所涉的敗血症主因不明
- 自殺身亡
- 受官方看管期間內死亡
- 具法定逮捕或羈留權的公職人員在執行職務時導致的死亡
- 在政府部門的處所內死亡，而該部門的公職人員具有法定的逮捕或羈留權
- 法例所規定的某類精神病人在醫院內或在精神病院內死亡
- 在私人護理中心內發生的死亡
- 殺人罪行所導致的死亡
- 施用藥物或毒藥導致死亡
- 受虐待、饑餓、疏忽導致死亡
- 在香港境外發生、而屍體被運回香港境內的死亡

而所有在公眾殮房處理之死亡個案均須向死因裁判官呈報。

轉介死因裁判法庭的個案，是否需要解剖，裁決權在死因裁判官，而解剖病理科醫生或法醫科醫生可根據病歷，建議死因供死因裁判官考慮。如果死因不明，死因裁判官一般不會豁免解剖。家屬如欲豁免剖驗，可在會見解剖病理科醫生或法醫科醫生時提出要求，向死因裁判官申請。

臨牀解剖須為非死因裁判法庭個案

臨牀解剖主要目的，是評估治療成果、解釋某些醫學疑惑或作研究用途等，推進醫學發展、教育和培訓，幫助了解疾病和治療功效。臨牀解剖必須為非死因裁判法庭個案。

和死因裁判法庭個案不同的地方，是臨牀剖驗必須得到家屬同意，而剖驗亦分為「完整解剖」及「局部解剖」（則集中研究身體某一器官）兩種。

若主診醫生認為病人的死亡個案值得作臨牀解剖，會向家屬解釋臨牀解剖的目的，因應情況、家屬意願及個案需要，決定作完整或局部檢驗，家屬簽署「驗屍同意書」後，剖驗才可進行。

資料來源：死因裁判法庭
http://m.judiciary.gov.hk/tc/crt_services/pphlt/html/cor.htm

我多希望，殮房可以一下子作好準備

Ruby的燒起起伏伏，住院差不多兩星期後，終於出院了。

因工作關係我沒有送她。住院時她胃口很差，消瘦了許多，目光帶點呆滯，經常疲累。她兩頰下陷，站立不穩，上廁所也要輪椅代步，體重不足九十磅 —— 任誰都知道，她的日子在倒數。

有時去看她，她只向我揮手，就睡了。

在我心裏，只留着她健康的模樣。她那樂觀的臉，爽朗的笑聲，和她對殮房的期望。

「謝謝殮房，給我最後的禮物。」我重閱她的WhatsApp，多希望，殮房可以一下子為她、為任何快離開的人，作好準備。

Chapter 6
殮房的死亡，傳承的生命

Ruby用她的死亡，成就事情

我再見Ruby時，是在寧養院。

她躺在牀上，終日昏昏沉沉，很多時候都閉上眼睛。有時親友來探望，她勉強撐起身子，匆匆相聚過後顯得筋疲力竭。

但有一刻，短暫而珍寶的片刻，她會惺忪雙眼的看身邊人，向大家微笑揮手，氣若游絲的道謝，之後總叫大家回去，生怕打擾親友的時間。

Ruby總為人着想。

有天Vincent把我帶離牀邊，我們坐在病房外的椅子上。他遞給我一張表格，託我交給醫學院。

那是遺體捐贈表格，Ruby簽上了名字。

「上個月簽的。她說要自主死亡，為人做一些事。這是她的意願。」Vincent也在表格見證人一欄上簽了名。

他把表格交給我時顯得不捨，明顯曾掙扎良久。

Vincent一直不忍捐出Ruby遺體，直到今天，他要為Ruby最後的心願來一個決定。

Ruby希望用她的死亡，成就事情。

我接過表格，向他道謝，望着Ruby的簽名，感觸又感謝。

6.1 移植，不移植

說來慚愧，在作病理科醫生的最初幾年，對於解剖，我只看到屍體，總在「死亡」中周旋，那是一趟刻板又帶點「死氣沉沉」的工作。

一年又一年過去，周而復始的解剖，我像一個毅行者，默然的踽踽獨行，來到某轉角處，驀地張望，天高海闊豁然開朗，看到不一樣的視野。

我感謝某些病人，他們用自己的身體，敲敲我腦袋，提醒我別被死亡的表面欺騙了。

其實，解剖室內，也充滿生命的啟示和人情味。

在一個假日的傍晚，正和妻子購物，我的手提電話響了。

醫院器官捐贈聯絡主任聯絡我，說兩天前發生了一宗工業意外，一名健壯的青年，操作大型機械時，衣服一角被捲軸纏住，收納進機械裏去。

上衣成了兇器，把青年的頸脖緊緊勒住。青年獨自工作，幾分鐘後被工友發現時已昏迷不醒，急救後勉強把心跳喚了回來。

「今天腦科醫生為他作了兩次檢查，證實青年已因腦部缺氧，宣佈腦幹死亡。」器官捐贈聯絡主任告訴我。

強悍的心，仍在跳動把氧氣輸給各器官，唯腦部無法承受那幾分鐘的窒息意外，死亡無法逆轉。

「青年生前簽了器官移植同意書，家人也願意捐出他所有器官，包括心肺肝腎和眼角膜等，想諮詢你同意。」

對青年，這是一個悲哀的結局；但這宗死亡，卻為末期病人帶來生命的轉機。

病人死後捐贈器官，臨牀醫生得到家人同意後便可進行，大多毋需諮詢病理科醫生，但這情況特殊——青年因工業意外死亡，屬非自然死亡，必須呈報死因裁判法庭，研究剖驗的需要。解剖結果將來可用作索償和控訴之用。

由於個案將轉交死因裁判法庭，病理科醫生隸屬死因裁判法庭，負責解剖，要平衡把器官留作解剖索償之用，還是讓它捐出，拯救末期病患者。

沒什麼比讓死者捐贈器官更具意義

我詢問了青年的身體狀況，也分析他不同的檢測報告，知道各器官都運作正常，沒有受損。這些正常的器官，明顯和死因無關，何需剖驗？不讓它們捐出去豈不白白浪費？

至於眼角膜，由於青年脖子被勒，頭頸出現充血現象，眼睛受牽連，而且眼睛是證實勒死的器官之一，我認為不宜捐出。

我回覆移植主任後，那個清涼的傍晚，在香港不同角落，電話響起，醫院致電通知器官衰竭的病患者，準備入院接受移植……

半夜的手術室，燈火通明，仍繁忙得很，青年的心肺肝腎，從他的軀殼移向另一個病人的體內……

作為負責解剖的病理科醫生，站在死亡的一邊，沒什麼比讓死者捐贈器官更感意義重大。

但要成就死者和家人捐贈器官的意願，有時還要過解剖病理科醫生的另外一關。

在手術室摘取器官時，如果外科醫生發現死者體內器官有腫瘤或其他異常，會隨時傳召病理科醫生幫助診斷。外科醫生會切割異常組織，讓病理科醫生緊急化驗，在顯微鏡下判斷良性惡性。如果是良性增生，器官大可移植；但如果屬惡性腫瘤的話，一般會選擇放棄移植。

這種於手術期間的即時診斷，稱為「冷凍切片」。

「冷凍切片」的診斷主宰等待移植的病人命運，對病理科醫生的要求也極高，是最具壓力和挑戰的工作。那刻你的判斷重大，一方面決定死者能否圓捐贈的心願，同時也掌握着末期病患者的生命。

空蕩蕩的胸腹，是對死亡最弔詭的諷刺

死和生，頓時聚焦在顯微鏡下的切片上。在死生相接處，你的感受就不那麼單純了。

一名死者願意讓出器官，挽救其他瀕死的病人，是一份無私的奉獻。這大愛，叫死亡一下子變得渺小；這份厚禮，像生生不息的潮水，把死亡留在沙灘上的缺陷瞬間撫平。

解剖桌上躺着的青年，面容因貼緊轉運的機械，破損了，眼滿是紅筋，脖子留下如頸巾般的瘀傷，胸腔、手臂處也刮傷了。

胸膛和肚子處，有點凹陷，橫跨一道直直的、義無反顧的手術傷口，被縫合了。這長長的缺口，堅定而勇敢，無怨無懼。當你拆開縫住傷口的針線，下面胸膛和腹腔，空蕩蕩的，騰出的器官位置，顯得傲然，是對死亡最弔詭的諷刺。

對住這副軀殼，我無法相信，眼前的病人死了。我甚至認為，生命以另一種更美好的形式存在着。

當死亡化作春泥，就變得不那麼可怖

死亡，別張狂。當死亡化作春泥拯救生命，就變得不那麼可怖，而解剖室也變得很不一樣。

解剖室所盛載的，不再只是死亡，有美好的東西，如火鳳凰重生，超脱出來。

再看那扭曲的面容，端詳那空洞的胸腹，啊，這是張天使般的臉孔，完美的身軀……

我站在另一視點上，和其他的臨牀醫生一樣，接觸到生命的本質。

我感到一個有活力的殮房。

對於解剖，我有了嶄新而豐富的視野，那有意思多了！我感激這些捐贈器官的病人，他們救贖了器官衰竭的病人。

因為他們的死亡，因為給我的視野，他們也救贖了我。

無私的大愛

一個下午，器官捐贈聯絡主任傳呼我，每接這通電話，都表示一個「生死決定」──有人死後願意捐贈器官，挽救器官衰竭的病人，聯絡主任作為「生死間的橋樑」，要理順程序，徵求病理科醫生的同意，才可進行移植手術。

她告訴我一名六旬女子因急性腦出血，剛宣佈「腦幹死亡」。

「她在路上突然昏迷，到急診室時已不省人事，電腦掃描發現嚴重『硬膜下出血』，被送到深切治療部，經醫生測試後，入院不足二十四小時證實腦幹死亡。」

病人家屬同意捐出死者的心、肺、肝、腎和眼角膜，由於個案轉交死因裁判法庭，作為剖驗的病理科醫生，我需決定摘取器官後會否影響死因研究。

很典型的病歷和程序。我問了一些驗血報告和身體狀況，認為不會影響死因研究，就同意外科醫生摘取器官，「放行」了。

我從心底感謝器官聯絡主任的努力。要知道，截至二零一四年底，本港共有二千一百一十三名等候移植心、肺、肝、腎的病人，而死後捐出的器官來源，皆依賴腦幹死亡的病人。唯每年香港只有八十至一百二十人腦幹死亡，當中捐贈率僅半，器官聯絡主任既要顧及喪親者感受，又要為末期病人尋覓合適器官，跟剛喪親的家屬斡旋，工作很不容易。

這名遊客示範了什麼叫無私大愛

放下電話前我向器官聯絡主任説聲「多謝」，她卻謙虛的回應：「我也沒做什麼。我之前並沒有聯絡死者家人，反而是他們主動問病房職員找我，查詢器官捐贈的情況。」

原來死者是一名旅客，才到港一天，卻昏迷街頭，家人在醫院主動捐贈死者器官……

第二天下午，女子卸下器官，被送抵殮房，眼科醫院的醫護人員不久後也來到，為這名外籍女子摘取眼角膜。部門三名剛入職的病理科醫生，第一次觀察摘取眼角膜手術過程，開了眼界。

這名遊客，叫我深受感動，除了因為她奉獻自己，拯救病患外，更示範什麼叫「無私大愛」。

以往，每談及「人道救援」時，我們總想起「無國界國生」或其他機構的醫護人員，他們離開自己的地方，去到有天災人禍的異邦拯救傷患，而這名遊客，和香港並沒有關係，更不是醫護人員，同樣在進行「人道救援」。

她雖「客死異鄉」，卻衝破地域界限，把器官獻給地球另一邊的我們，幫助器官衰竭的病人。這份無私的奉獻，和「人道救援」的醫護人員一樣，叫人尊敬。

謝謝你無私的大愛。

殮房冷知識：準確判斷移植風險

並不是每位死者的心願，病理科醫生都可以成全。

二零一五年八月二十五日，一名病人急性中風，於威爾斯親王醫院逝世。家人同意捐出器官。

當外科醫生摘取腎臟時，赫然發現右腎有一直徑一點五厘米的腫瘤，立即與病理科醫生安排「冷凍切片」化驗，病理報告證實為癌症（腎細胞癌）。經醫生評估後，決定停止將進行的腎臟和肝臟移植。

早期癌症病徵並不明顯，也由於位置和大小，在移植手術進行前未必可偵測確診。手術過程中外科醫生需和病理科醫生緊密合作，才可準確判斷移植的風險。

死亡，叫人檢視生命

有個傍晚，我在殮房開完會，坐在家屬的接待區，望着資訊架上林林總總的小冊子：病人身故須知、死因研究資料、器官捐贈冊子、遺體捐贈計劃、遺體傳染病的分類等⋯⋯

殮房主任考我：「陳醫生，你猜哪個冊子最常添置？」

這裏是殮房，許多家屬該不清楚身後事的步驟吧？於是我回答：「該是病人身故須知吧？」

他搖頭。

「最近『大體老師』宣傳功勢強勁，引起的社會迴響也大，該是它吧？」

又搖頭。最後告訴我：「是器官捐贈冊子！」

「器官捐贈冊子？剛才我還想，在殮房放這本冊子幹什麼呢？存放的遺體，器官已因缺氧開始敗壞，無法捐贈了！家屬要來做什麼呢？」

殮房主任告訴我，原來許多病人因器官衰竭而死。他們的離世喚起親屬對生命的省思。當親屬翻閱器官捐贈冊子，或許在想，人死真如湮滅嗎？器官衰竭叫人痛苦，我死後，可以藉器官移植，叫其他家人免受同樣的哀傷嗎？於是就想了解器官捐贈多一點吧？

我感謝願意考慮器官捐贈的親屬。他們經歷親人死亡，就更真切體會其他病者的生命需要。

死亡，叫人檢視生命。

6.2 學活

做了病理科醫生，出入殮房頻仍，許多人問我，接觸死亡多了，會否不再害怕死亡？彷彿接觸多了，就能麻醉恐懼。

當然不，我會告訴他們。死亡這生命歷程，無法測透，正如你坐在岸邊，望向茫茫汪海，海面後浪推前浪，水底深不可測，你對多了，不見得會不怕海，反而對海生出敬畏的心，亦更感腳踏實地的安然穩妥。

死亡同樣深邃莫測。在殮房多了，對死亡沒多大改觀，反而對生命有更多領悟。

尊重死者，體諒喪親者的悲哀，改善家屬的服務和環境，都是殮房的「生命工程」，讓它成為不只是處理遺體的地方。

而殮房的「生命工程」，怎少得讓死亡去影響生命？

在Mitch Albom撰寫的《最後十四堂星期二的課》（*Tuesdays with Morrie*）一書中，末期病患者墨端有幾句話，說得很好，卻不容易做到：「學會死亡，你就學會活着。」「每個人都知道自己有一天會死亡，但沒有人把它當真，不然的話，我們就不會這樣。」「你要知道自己會死，並且隨時作好準備，這樣就好得多。這樣你在活着的時候，就可以真正的比較投入。」

我該是個很不受教的學生，每天接觸死亡，卻把死亡拒諸自己的生命門外，為什麼呢？背後原因，大概就是香港中文大學哲學系講師陶國璋老師說的，總是「將死亡的事實當作事件來看，於是死亡便僅僅是經驗上的確定，『死』不過是自然現象，『死』的確定性還沒有說到切身之處。

我們在心理上不自覺地掩飾了死亡，將之看成他人之死，它好像只會降臨於別人身上，跟自己無關似的。」

這「他人之死」，令我即使遇見死亡，仍沒學懂活着。

記得有天進行完剖驗後，看見殮房服務員舀起清水，彎下腰，把水淋在躺着的年輕女子頭髮上，正在清洗。

少女的頭髮很長，該用心打理和束留好幾個月了。躺在解剖桌上，那縷柔長秀髮從桌緣垂向地面，差不多有八十厘米長，幾乎觸及地面。

長髮經過幾天住院的日子和剛才由於剖驗沾上的血液，顯得糾結和骯髒。

悉心留長頭髮，只為在結婚的一天能整理出豐富多變的髮型。

請你用心做，務必為她找出病因來

可惜少女在結婚前幾天，突然急病入院，很快陷入昏迷，三天後不治。由於病因不明確，需要剖驗。

一個正興高采烈準備結婚的女子，卻迎上死亡，在這本來最值得歡喜的新婚蜜月期，未婚夫和她父母卻要處理死亡事務，到處張羅，取消各樣婚禮安排，還要通知親友噩耗……在會客室接見他們時，那份哀傷和疲累濃濃襲來，吞噬了細小的空間。

我為父母難過，兩老如何承受這打擊？

「陳醫生，她正要結婚，請你……」父親眼睛紅了，知道要做解剖，聲音在顫抖，「請你用心做，務必為她找出病因來。」

母親捂鼻子後抬頭看我：「她很貪靚，要結婚了，你可否小心一點，落刀輕一些……」

白頭人送黑頭人，父母悲從中來，剖驗是錐心的痛……

殮房服務員協助我解剖，他不清楚病歷，卻好奇那一頭長髮，我告訴他，死者是新娘子，一再提醒要小心下刀，縫合切口，還原美麗的新娘子給家屬。

解剖完畢，我站在解剖桌不遠處，望着殮房服務員用水一點一滴的清潔長髮，把糾結的頭髮一根根理順，回復原來的模樣。

連每根頭髮也照料周到，我對這敬業樂業的態度，心存欣賞。

一梳梳到尾，二梳梳到白髮齊眉

正待結婚，卻遇上死亡，叫人唏噓又無奈。殮房無能扭轉哀傷，只能儘量減少傷痛。服務員讓我看到很溫馨的圖畫，他為少女和家屬做的，他們也許不知道。

我走近謝謝他，他只靦腆的苦笑，感觸的説：「漂亮點，總算是新娘子嘛。」之後就搖頭歎息。

最後他把剖驗後的傷口細心地縫好，把一綹綹清潔過的秀髮收起，整齊的捲一圈放在肩上，像待嫁的新娘子。

當他梳理頭髮時，我心裏響起「上頭」的傳統婚禮習俗：「一梳梳到尾，二梳梳到白髮齊眉，三梳梳到兒孫滿地……」天上人間，殮房服務員完成這一幕少女曾等待的一刻，送上少女最期待的祝福。

這一刻觸動了我。我突然有種感悟，珍惜起什麼來。

是少女的死亡，她父母和未婚夫的哀傷，讓我倏地感受到生命的無常，和父母妻子給我的愛……因為結婚時也經驗過「上頭」的習俗吧，那晚工作後特別想家，也特別珍惜和妻子一同吃飯的時間。

那只是一頓普通的家常便飯而已，感覺怎麼會和以前很不一樣呢？也突然有股衝動，該是時候打電話給父母，問候一聲了。

那刻我終於明白，什麼是墨端説的，因為死亡，我們就可以活得比較投入……

6.3 捨命母親

我想起多年前遇到的兩位母親，都是年約三十歲就離開了。

第一位母親臥着超過六年，腦部嚴重受損，除了眼球會自發開合和懂得呼吸外，對外界的刺激毫無反應 —— 她不再有表情和感覺，神經活動近乎零，檢驗時腦電波由於缺乏脈衝，一條直線的畫在紙上，如平滑湖水。

心電圖上的脈衝，卻強勁的跳躍着，畫出狂潮起伏。

心臟和腦部的活動，是天地之別。

她是植物人，任何活動包括飲食和排洩都依賴人照顧。

六年前她和丈夫正期待小生命的來臨。嬰孩在腹中成長，他倆安排好日子剖腹生產。

終於來到分娩的一刻，半身麻醉的母親，在手術檯上興奮的準備迎接新生命，誰也沒想到，才剖開腹部，她卻呼吸困難、全身抽搐，緊接着心臟停頓，血壓急降休克過去。

手術室立時緊張，急救隨即展開 —— 醫生相信，母親患上可怕的「羊水栓塞綜合症」。這是生產時罕見的浩劫，由於羊水、胎兒細胞皮屑等在生產過程中進入母親的血液，引發母親心肺衰歇及凝血災難，死亡率高達八成。

由於及早發現和治療，這母親的生命被救了回來，卻從此和世界割捨。

臥在牀上，她還是依戀這世界的，而丈夫也悉心照顧她，為她翻身、清潔、餵食，坐在牀邊和她談孩子，讓她看孩子的成長相片……

六年後，母親終於支撐不下，發燒了，最後心臟和腦部都平靜下來……

由於有機會涉及醫療控訴，個案轉交死因裁判法庭。

來到解剖桌時，母親四肢屈曲側着身體，全身肌肉萎縮，像蝦米般蜷伏，臀部、雙手、手肘、小腿和腳趾等地方生滿褥瘡。

長期處於「植物」狀態，她的腦袋出現多處腦壞死後的水囊，重量只及正常人的一半，很嚴重的「囊性萎縮」。剖驗結果，她因細菌感染肺部而死……

嬰孩生還的哭聲，是母親合上眼前最後的安慰

一個陽光普照的清晨，天氣有些涼，另一位母親抱住初生的嬰孩，走在行人道上。

這是個很美好的早上，路人熙來攘往，大多是上班族。有誰料到，在視野極佳的環境下，一輛滿載乘客的雙層巴士拐彎時會失去控制，兇巴巴的直往行人道衝去。

巴士如巨獸掩至，途人爭相走避，母親回頭，眼見巴士衝來，驚恐得愣在行人道上。

巴士響着咹來勢洶洶，撞毀路側的欄杆，顛簸的駛上行人道，有人大嚷，有人驚叫，路上一片混亂。

母親呆站着，奇怪是她沒走動逃亡的力氣，卻懂得從胸前的孭帶中掏出嬰孩，抱在手裏……

巴士很快要把她撞個正着，在被噬的剎那，她使勁的把抱着的嬰孩往旁拋開……嬰孩離開了懷抱，在空中扔出去，母親的腹部和盆腔被巨獸踐踏壓着，當那超過十五噸的巨獸被樓宇的石牆抵擋停下時，嬰孩遠處生還的哭聲，相信是母親合上眼前最後的安慰。

嬰孩被途人抱起，送到急診室時，母親已推進手術室搶救……從此嬰孩再沒有回到母親懷中，給母親撫摸了。

由於流血不止，母親是在手術檯上證實死亡的。

這類交通意外引致的死亡個案，必須呈上死因裁判法庭，為了索贖解剖幾乎無可避免。

給巴士輾過，母親傷痕纍纍，解剖桌上，她四肢扭曲，多處骨折，下身皮肉模糊，腹部嚴重塌陷扁平，結實的盆骨像掀開的書本往兩邊打開，被重力壓至碎裂，而腸胃和腹腔器官亦嚴重受創，腹部沾滿血塊……

破碎的軀體，見證一份粉身碎骨的愛。

兩位母親捨身，成全另外兩個生命。

只有好好活下去，才不辜負母親臨別時的心意

屈指一算，當年這兩個初生嬰孩，現在都已成年，也該早知道母親的死因了。約二十年前母親為他們犧牲，對他們來說，只是一段不堪回首的歷史嗎？這生命的代價，對兩個成年人的成長有什麼影響呢？他們會明白，自己的生命，是多麼的寶貴嗎？

我想，如果他們仍記念母親之犧牲的話，讓它與自己扣連，就會更珍惜生命，在人生的抉擇上也不容易行差踏錯。這樣，生活也該變得很不一樣吧？

因為，只有好好活下去，作個堂堂正正的人，才不辜負母親臨別時的心意，是給母親最好的回應。

6.4 皮囊的貢獻

殮房參與了認證計劃，我帶幾位評審員到殮房視察，來到解剖室的看台。

看台是醫生和醫科生觀察剖驗的地方。一堵偌大的玻璃牆，分隔看台和解剖室。我們站在看台上，居高臨下，不遠處一名病理科副顧問醫生正督導剛入職的駐院醫生剖驗。

死者躺在解剖桌上，是名健碩高大的中年男子，遺體已被剖開，身軀中線由胸口至腹腔處留下一道很長的切口，胸骨打開，肺部和腹腔內的器官已被取出放在另一桌上，供詳細研究確定死因。

胸腹腔的器官取出後，整個人就囊空如洗，剖開的肚皮失去器官支持，向中間軟弱的凹陷下去。副顧問醫生俯身，沿着血管剖開，端詳病變，駐院醫生挨近，聚精會神的學習當中技巧 —— 這是醫科培訓的師徒關係，每個醫生都必經的學習過程。

我置身解剖桌外，離遠觀望，看到另一種師徒關係 —— 健碩的男子倒空自己，讓病理科醫生查明死因。副顧問醫生悉心教授剖驗技巧，知識的授傳其實由捐軀開始。

遺體躺在桌上，偌大的軀殼，十足皮囊，卻像是站立的巨人老師，循循善誘，是每個醫生的「師公」。沒有遺體，就無從推動醫學、維護社會公義、幫助索償，也無法尋得真相安慰家人。

死亡，並不如燈滅，死去病人的軀體，留在世間的意義不少，其中對醫學知識的傳承，功不可沒。

八十年代，全球醫學開始蓬勃發展，而香港在鼻咽癌研究方面，也為世界寫下重要一頁。當年香港患鼻咽癌的病人特別多，死亡率也高，每年約四百至五百人因此死亡。但這發生在中國南海地區的「風土病」，卻很少受國際注意，研究也相對少。

鼻咽癌的惡性細胞深藏在鼻咽內，位置十分隱蔽，四周幾乎都被骨頭堵住，恍如圍城，要突破重圍切除癌細胞顯得困難重重，令全球外科醫生束手無從。因此醫治鼻咽癌的方治，一直只依賴化療及電療。

嶄新的切除鼻咽癌的方法——揭面手術

幸好鼻咽癌細胞對電療反應頗佳，只是有些病人電療後癌症復發，當化療和電療不再有效時，就只剩下手術的出路了。要如何深入虎穴割除癌細胞？手術後如何不影響儀容？可說是項不可能的任務。

因此當年鼻咽癌復發可說是「無計可施」。

香港大學外科學系醫生韋霖教授一直致力拯救這班患者，構思了一項嶄新的切除鼻咽癌的手術——「揭面手術」。

韋教授認為，只要沿鼻側和人中位置剖開臉皮，再揭開顴骨，像打開紙箱蓋子一樣就能探進鼻咽，清除癌細胞。之後只要把「紙箱」蓋回，縫好鼻側和人中位置的臉皮，面貌就可完整還原。

但這革命性的構思，只停留在理論層面，有誰知道它真的可行？手術切除癌細胞後可否盡如所願令一切回復原狀？過程中會否遇上困難？由於是先驅，無前例可依，就無法肯定成功。雖然有成功的把握，但貿然應用在活生生的病人身上，風險仍覺太大。

無聲的死者犧牲容顏，成就醫學進步

韋教授必須進行「實驗」，證明手術可行，才放心救人。

他徵求可為技術捐軀的去世病人，在獲得醫院和各方同意後，携帶手術儀器，來到殮房解剖室，為死去的病人進行「揭面手術」，幾經嘗試終於掌握了技術，證實手術可行。

一九八九年二月，全球首宗活人鼻咽癌揭面手術在瑪麗醫院成功進行，令醫學界嘖嘖稱奇。現在仍有不少外地醫生來港學習這項手術，為全球各地鼻咽癌復發患者帶來希望。

揭面手術被譽為是鼻咽癌治療上革命性突破，也令香港站穩治療鼻咽癌首屈一指的地位。現時鼻咽癌仍是香港十大常見及致命癌症，每年患者約八百，死亡人數三百，而死亡率在這幾十年一直下降。

韋教授「發明」的技術，贏盡讚譽，在一片掌聲中，我認為該有部分獻給那些無聲的死者，他們默然躺下，犧牲自己的容顏，成就醫學的進步。

6.5　愛的教育

「叮 —— 噹 —— 」

殮房門前站着一對母女。母親矮小，年紀大了，腰有點彎，精神尚好，穿着病服。女兒二十出頭吧，樣子像母親，顯得戰戰兢兢。

「請問你們……」殮房曾主任開門，本來以為是死者家屬來領取遺體或瞻仰遺容，但面前的婆婆一身病服和戴上病人標記的手環，又覺不妥。已到下班時分，病人來這裏幹什麼呢？

「請問這裏是殮房嗎？」婆婆問，「請問……我們可以參觀一下嗎？」

參觀？參觀殮房？哪有病人會和家人參觀殮房的？主任惴度，重複一次：「這裏是殮房喎。」

「對了，我們就是想看看殮房。可以讓我們進去嗎？」婆婆重申，在門口張望，視線企圖越過主任擋住的身子，窺視什麼。

主任揣度葫蘆裏賣的藥。殮房重地，不是隨便讓外人進出的，更不該打開大門滿足外訪者的好奇心。何況有些記者愛查找殮房虛實，大造文章，不可不防。

如果沒有事先申請，主任多會找個理由推搪，但面前的人都不像有什麼企圖，而且婆婆態度誠懇，否則又怎會在患病期間也來呢？

「我媽媽只是想看看這她不久後會來的地方。」女兒微笑解釋。

「嗯？」殮房主任疑惑，婆婆告訴曾主任自己罹患末期肺癌，進進出出醫院已好多次，癌症擴散至肝臟，生命沒多久了。她思想開明，早接受死亡，想了解自己死後的「住所」，以前因行動不便打消念頭。這幾天氣促入院檢查，覺精神還可以就順道來殮房一趟，讓自己、也讓家人清楚如何處理身後事。

這裏就是你以後等待領取我的地方了

婆婆真開明，主任想，考慮了一下，讓他倆進到等候區。

員工剛下班，殮房只有他們三人。婆婆很好奇，東張西望，摸摸沙發翻看小冊子，向女兒解釋：「這裏就是你以後等待領取我的地方了。你說哪裏可怕？」女兒點點頭，眼神流露「原來是這樣子」的神情。

殮房主任帶母女來到登記處，像導遊解說：「這裏是辦理手續領取遺體的地方。家屬需在這裏登記後才領取遺體。」

婆婆打量環境問：「領遺體時有什麼步驟？」

主任一怔，問得倒真詳細，就把殯葬事宜的安排簡單說一遍，還闡述了死者身分證、「死亡登記證明書」和「認領遺體證明書」的重要。

婆婆像教育女兒，語重心長：「所以記得帶我的身分證和領取遺體紙，清楚沒有？步驟簡單，不難，所以你不用擔心。」

走走停停，主任帶他們穿過等候區，來到瞻仰室：「這間房間，可用作瞻仰遺體之用。如果領取遺體前家屬想再看死者，可在辦公時間來登記，我們職員會儘量安排，讓家屬和死者聚聚。」

「要預約嗎？」女兒囁嚅，沒初參觀時般懼怕了。

「不用。只是如果瞻仰室被佔用了，可能要稍等一下。」主任微笑。

婆婆點頭，明白了又對女兒說：「所以你不用擔心。如果有誰想見我，火化前可以來這裏。」

「這間房也可用來替遺體化妝。如果家屬不想去殯儀館辦理身後事，遺體化妝後可移至殮房的小禮堂，舉行簡單的道別儀式後，再送去火葬場。不經殯儀館，直接由醫院把遺體送去火葬場的，叫『院出』。」

不要上殯儀館，就在這裏見最後一面

他們邊談邊來到小禮堂處。那裏有張檯，幾排椅子，燈光有點暗。

「地方真有些舊，也不大。」婆婆的語氣流露可惜。

「還有車聲呢，有點嘈！」女兒補上。禮堂近馬路，傳來車輛經過的聲音

曾主任不諱言：「這裏自三十年前建成後一直沒資源翻新，日久失修，環境的確不理想，有待改善。希望日後醫院重建後會好些。」

「需要費用嗎？」

「使用這小禮堂費用全免，但必須預約，每次約半小時至一小時。」

「地方舊，但免費喎。」女兒的話，叫大家莞爾。

「夠用了夠用了。我喜歡這種『院出』。我們親屬不多，千萬不要鋪張，麻煩！簡簡單單就行了，不要上殯儀館，就在這裏見最後一面吧。知道嗎？」婆婆把死後的安排向女兒表明。

女兒點頭，在殮房談死亡也沒有避忌。

「人總有一死，有什麼好怕的？和你來這裏一趟你就心中有數，不用擔心，對不對？醫院什麼都有，清楚嗎？」婆婆豁達的說，倒是末期病患者教育和安慰在世者了。

這是幅很美的圖畫。社會上對死亡仍有不少禁忌，即使一家人，對身後事的意願亦難以啟齒，現在瀕死的病者毫無忌諱，帶領生人接觸死亡，指示在世者身後事的安排，還安撫他們，叫活着的「不用擔心」。

請問我可以申請遺體捐贈嗎？

婆婆回到等候區，目光接觸到資料欄上的遺體捐贈章程，突然問：「主任先生，請問我可以申請遺體捐贈嗎？我這副骨頭如果還有用，死後可以為社會做點什麼，不很好？」說得豁達而從容。

用不着多解釋，婆婆早清楚遺體捐贈的目的 —— 推進醫學發展，讓醫科生從遺體中學習，將來做更出色的醫生。就這樣，婆婆坐在殮房主任的辦公室，由女兒為她填寫遺體捐贈申請表，再簽上名字。婆婆離開殮房前，對着主任：「我只有這一個女兒，如果我快不在了，你能來我牀邊嗎？」

曾主任錯愕，為什麼彌留時要我在牀邊呢？

女兒噗哧的笑，「媽呀，你這樣説會嚇怕人。曾主任，我母親的意思是，她離開後只剩下我一個，擔心沒人知道她捐贈了遺體，忘記把她送去大學醫學院。媽，相信我，不用擔心。」

主任會心的笑了：「我會聯絡有關同事，儘量安排。所以『你不用擔心』……」

幾個月後，殮房主任接到女兒的電話，説母親不行了，正在病房，通知主任是圓母親的囑咐。

我和主任趕到牀邊，見婆婆已昏迷，呼吸沉重而均衡，雙眉舒展，很是安詳。主任在她耳邊承諾會按照她的心願，把遺體轉交香港大學，我也輕聲説聲多謝，感謝她為醫科的貢獻……

殮房可以成為祝福人的地方嗎？

小禮堂內，女兒默然望着母親遺容，眼神憂鬱而柔和，這份平安，該因為是母親生前妥善的安排吧？這就叫「生死兩安」吧？

我和曾主任參加完婆婆的告別儀式，他問我，日後醫院重建，為這些捐軀或死後捐器官的病人立一個感謝碑好不好。

「我父親離世幾年了，」主任若有所思，告訴我：「醫院，是他在世最後的地方。每次經過他離世的醫院，總有種奇怪的感覺，像有什麼聯繫着我和父親，走進醫院，又像什麼也沒有，了無痕迹。對於為醫學付出的死者，如果有個碑，表揚這無私奉獻的事，也有社會意義。」

騰出一堵牆，感謝死者無私的奉獻，是很好的主意。

幾乎對所有的家屬來説，殮房來一次就夠了，不會回來。這真是個忌諱、「大吉利是」和「不回頭」的地方。我想，它也可以成為祝福人的地方嗎？一面感謝碑，代表死者給生者的一份祝福，也表達我們的謝意。

而且，瑪麗醫院統籌香港西聯網醫院的遺體捐贈，亦是香港大學醫學院教學醫院，殮房成為醫科生學習人文醫學、接觸死亡必到的地方。重建後的殮房，這堵「感謝牆」除了鳴謝捐贈者和家屬無私的奉獻外，也具體的讓到訪者明白死亡並不代表終結，遺體也可為醫學、為生者作出貢獻。而當醫科生來殮房學習時，這面牆將再次讓他們反省死者和生者的結繫，深刻體會醫者和病人間微妙的關係。這堵牆，讓醫科生去感恩，珍惜學習機會，日後更關懷病患者。

死亡並不代表終結

況且病者死後捐贈自己的器官和身體，救助他人，成就醫學進步，表現的一份博愛，有助培育醫科生的奉獻精神，建立「取之社會，饋之社會」的品德，提升施予甚至人道救援的高尚情操……

沉默的軀體，呈現不同面向的生命教育。這面感謝碑，令殮房擺脱「死氣沉沉」只處理屍體的印象，它對生命、對社會具多層意義，更對員工和到訪者的心靈起積極作用，整個地方的氣氛會很不一樣。

殮房變得不再冷冰冰，真正體現「出死入生」的意義。

「這建議很好，我們向院方申請吧！」我附和。

窗外陽光普照，光明得很。

殮房冷知識：遺體捐贈計劃

捐贈的遺體，主要用作教導醫科生，也研究新手術的技術和成效。逝去的病人，用自己的身體，成為醫科生的「無言」/「大體」老師，也充當醫生驗證新手術的「白老鼠」，讓醫生和研究人員確保手術可行和安全後，才臨牀治療病人。

解剖學為醫科生的必修課目。解剖桌上的遺體，讓醫科生親「手」體驗人體構造的奇妙，肌肉、骨骼、神經、血管的脈絡，因人而異卻又大同小異，醫科生從細緻探索中，會對器官結構和病變，不斷發現，加深對身體的理解和印象，這些都不是硬繃繃的解剖書或電腦軟件可以取代的。

況且除了學習醫學基本知識，病人無私奉獻的捐軀，成就醫學發展，也讓醫科生上人文的一課，培育奉獻精神的良好品德，用愛去服務社會，成為更優秀的醫護人員。因此每年解剖學開課時，老師和學生都會在解剖室內舉行致敬儀式，除了向捐贈者表達敬意外，更提醒學生對捐贈者尊敬和感恩。

現時香港中文大學和香港大學兩間醫學院，每年共取錄約五百名醫科生，即使撇除研究用途的遺體，以每十個醫科生共用一具遺體計算，每年起碼需要約五十多具遺體。從前供醫科生學習用的遺體，主要來自無人認領的死者，自七十年代起，香港大學醫學院已開始接受捐贈的遺體，但早期市民反應並不踴躍，捐贈的數目寥寥無幾，不敷應用。

這十多年來，隨社會觀念改變和大力宣傳後，遺體捐贈數字逐漸上升，近年醫科生學習用的軀體，皆來自無私的奉獻，而香港大學醫學院也把三月三日定為大學的「遺體捐獻日」（Body Donation Day），取意成語「三三不盡」，表示死亡和生命循環不息，生命的影響力不因死亡停止，可藉遺體一代代的承傳下去。

有意日後捐贈遺體的市民可自行向兩間大學醫學院登記(註)。根據香港法例，死者直系親屬擁有遺體處理權，是遺體捐贈的最終決定者。由於遺體捐贈登記並無法律效力，捐贈遺體前最好和家人充分溝通，彼此瞭解，才完成登記程序，日後家人才更容易遵行意願，捐出遺體。

註：香港中文大學醫學院「無言老師」遺體捐贈計劃：
http://www.sbs.cuhk.edu.hk/bd/Body%20Donation%20Form_chi.pdf
香港大學生物醫學學科「大體老師」遺體捐贈計劃：http://www.med.hku.hk/bdp/

6.6 百年樹人

今天殮房生氣盎然。

「生氣盎然」這彷彿和殮房格格不入的相關詞，卻實實在在的發生了。

一班醫科生，在殮房門前等候，他們年輕、充滿活力和幹勁，令整個殮房變得很不一樣。我踏進殮房範圍，感受到這很不一樣的氛圍。誰說殮房只宜陰冷？為什麼要把這地方看成「死亡的地方」？

殮房，並不一定死氣沉沉，也可以充滿希望和生機。

同時發生在殮房的冷與熱，像ice cream fondue，暖火氳氤，烘焙的冰冷雪糕正在融化，冷暖調和得宜。

下午，殮房正待領取遺體的親友並不多，我推開大門前，提醒站在門外幾十位醫科三年級生，「這裏是殮房，請顧及家屬的感受，也請尊重這地方，勿高聲談笑，也請勿嬉鬧。」

年輕的臉孔馬上收斂起笑容，嚴肅起來，點頭表示明白，眼神流露好奇。

這批未來的醫生，正修讀醫學院的新課程 ——「人文醫學」。

近年香港大學醫學院開辦「人文醫學」必修課程，橫跨六年醫科培訓，從此醫學生除了傳授傳統的醫學知識外，也涉獵人文科目，培養人文關懷，旨在讓醫科生從不同角度，更明白病人需要和感受、關心患者境況，以及體諒病人和家屬的處境，將來成為更全面、「仁心仁術」的醫生，甚至建立悲憫心腸，把眼光放遠，為世界不同地方進行人道救援。

課程頗多元，當中有觀看電影、藝術欣賞等，也有繪畫創作，用畫筆和色彩表達對哀傷、病苦的所思所想，而關懷臨終病人，認識死亡成為三年級重要的單元。醫科生有機會來殮房，了解醫院如何處理遺體、體諒家屬的哀悼反應、以及尊嚴與尊重生命的重要。

說也奇怪，一直以來醫學院關於死亡的課程，一直集中在如何向末期病人講解病情，如何減少痛楚，什麼是紓緩治療等，很少涉及家屬喪親的需要、如何讓死者尊嚴的離世，以及「去者善終，留者善別」的重要。

去殮房學習尊重死者，瞭解家屬喪親心情

殮房是醫院重要的地方，但總是那末卑微的存在着，一直在醫科教育中被遺忘，也令畢業的醫科生對殮房功能認知很少。

如果連宣判死亡的醫生也對殮房一無所知，我們如何把隱蔽的殮房帶出生天？如果尊重死者、瞭解家屬喪親心情也是醫療教育的一部分，為何不去殮房學習？

當我發現三年級這「關於死亡」的課程遺漏殮房時，就毛遂自薦，寫了封信，把「殮房教育」推薦給課程主任，闡述殮房在醫院和社會的角色，希望醫學院沒忘掉這「最後的房子」。

於是，殮房破天荒的被納入醫科課程，成了醫科生必到之地。醫科生有機會深入殮房，明白一班站在死線外的醫護員工，如何照料剛離世的病人，以及他們留在世間的親屬。

這班大學三年級的學生，二十歲出頭，絕多數都沒到過殮房，甚至連接觸死亡的機會也沒有。他們像擁有無盡的健康、活力和前路，死亡離得很遠，很難讓他們真切感受死亡帶來的傷痛。

不過三年後，這班醫科生畢業了，卻要宣佈噩耗、紓緩末期病患者，或協助家屬面對死亡，心理和認知上都是挑戰。回想許多年前的我，那真是趟手足無措的經歷。

殮房並不如印象中陰森可怖

只有近距離接觸死亡，才可以更明白病人和家屬的感受和需要。醫科生藉着親臨殮房，了解當中的運作，明白它在醫療和社會的角色，以及如何維護病人和家屬的尊嚴等，這樣就能更適切地瞭解家屬的需要，更有效地幫助家屬面對親友離世。

而且，來殮房一趟，也是生命教育的一環。

兩年前瑪麗醫院在殮房為幾十位高中生作了一項先導研究，在他們家人同意下，讓他們來殮房，認識殮房運作、參觀停屍間和解剖室、分享醫院的一些死亡個案和了解遺體捐贈等。這是一個小調查，也是全港第一個在殮房進行的研究。

活動完結後發現，所有學生都發覺殮房並不如印象中陰森可怖，對這地方有正面的改觀。八成半學生對生命有更深刻的反省，也更珍惜生命。而所有學生，都願意分享來殮房的經驗。殮房，對他們來說，不再是忌諱。

三年級的醫科生在殮房主任帶領下，走進殮房每個角落，停屍間、儲存格、瞻仰室、小禮堂，認識溫度和氣壓的控制、防感染措施……他們的眼睛好奇的探索，像是趟發現之旅。正好有家屬領取遺體，他們默默觀察，也目送生命流逝……年輕的生命，就這樣近距離體驗病人的離世、親屬的哀慟、生命的無常和無奈。

我相信這次體驗，會留在他們的心中，日後面對末期病人時他們的眼光將不再一樣。

憑觸角和經驗，謝醫生看出他有點不妥

參觀殮房前，有時我會分享謝婉雯醫生的故事。謝醫生是二零零三年首位因搶救「嚴重急性呼吸道症候羣」（SARS，「沙士」）病人而殉職的公立醫院醫生，被冠稱「香港女兒」。

在醫院管理局的刊物二零一三年八月號的《協力》中，屯門醫院內科及老人科黃任匡醫生提到謝醫生生前的一件事。

那時沙士開始肆虐，屯門醫院病房對探訪的限制非常嚴格。謝醫生在深切治療部的病房門外，遇上一位憂心忡忡的老人，倚在走廊窗邊，苦苦守候。

憑着敏感的觸角和醫者經驗，謝醫生看出他有點不妥，主動上前慰問，老伯按捺不住眼淚，告訴面前的年輕醫生，自己二十來歲的兒子突然罹患惡疾，與病魔搏鬥，入了深切治療部，醫生要老伯「作好心理準備」。

老伯向女醫生傾訴，把兒子的故事娓娓道來，醫生用心聆聽。走廊上，一老一少就這樣談起來。謝醫生用自己的經歷開解他。她說，一年前她丈夫也罹患血癌，且不幸因病過世，她一路走來，當中經驗了種種辛酸，但都克服了。謝醫生的話安慰了身旁徬徨無助的老伯。

藉近距離接觸死亡，學習體諒親屬的傷痛

謝醫生鼓勵老伯：「不用怕。」老伯聽着聽着，事情就真的沒那麼可怕了。

不久後謝醫生殉職，老伯的兒子也離世了。十年後，老伯仍記念那次萍水相逢，感激謝醫生的鼓勵，笑說兒子死時自己沒哭，「看電視知道謝醫生走了，我可哭慘了。」

謝醫生用自己的「死亡經驗」，安慰了老伯，讓他有勇氣面對兒子彌留的消息。我們不希望、也毋需親身經驗摯愛離世才可安慰哀傷的人。分享謝醫生的故事，旨在鼓勵他們，藉近距離接觸死亡，讓死亡教育自己，學習體諒親屬的傷痛，尊重死者，日後就能更體貼病患者和家

人的需要。

參觀殮房後，有醫科生回應，將成為醫生了，仍對生命和死亡疑惑，他將醫治生命，卻也要面對死亡，感到很無力，但殮房給了很好的學習機會，「死亡是生命最好的老師。」

我感到欣慰，這羣醫科生，在殮房裏對生命充滿觸動，將來應該是更能體諒病人需要的醫者。

我感謝殮房這地方，讓學生對生命、對病人和親屬的感受有更深的體會。也感謝這班醫科生，他們在人文課堂上的繪作，感同身受的用畫筆和色彩，表達對哀傷、病苦和悼亡的思想。創作出來的一幅幅圖畫，被掛在殮房裏，點綴了白花花的牆壁，對家屬是一份共鳴，也表達安慰和鼓勵。

殮房變得很不一樣，它幫助醫科生，醫科生也回饋殮房，互相潤澤。

殮房也成為社會科學院學習的地方

之後，殮房也成為社會科學院學習的地方，一眾大學生為裝備自己，比喪親者更早來這裏，了解殮房環境和運作，也從病理科醫生和殮房主任的分享中學習、領悟，日後為喪親者提供更適切的哀傷輔導，藉「醫社合作」改善喪親者的服務……

從此殮房不再只是死者和家屬到的地方，不再隱蔽卑微，而成為不同學生學習的地方，多角度關懷喪親者。

死亡在這裏，用它獨有的說話，傳遞人文信息，關懷生命。

殮房從此不再冷冰冰。

這是一幅很美的圖畫，死亡和活人溝通，一同建構更美好的城市。

「殮房並不如想像中可怕，也有溫暖有情的一面呢！」一名大學生課後表示。

謝謝她的領悟。殮房，為什麼不可成為滿有溫暖人情的地方呢？

謝謝你，給我們 —— 最後的禮物

我們一個個在Ruby耳邊向她道別。

Ruby在睡，她卸下一切痛苦，離開了。

我懷念這位老朋友，她留下美好的回憶，留下她對我的影響，改變我對疾病痛苦的看法，塑造我的生命。

她仍在我心中，沒有離開。

她的遺體，成為老師傳承知識回饋社會。

而靈魂在天堂，成了我們的天使。

「Ruby，謝謝你，給我們 —— 最後的禮物。」

後記：活化殮房——別把殮房看死了

作為病理科醫生，殮房管理只是我一部分職責。我另一份主要職責，是在顯微鏡下分析細胞的病變，撰寫病理報告，幫助病人診斷和治療。

每星期我會和腎科醫生開會，討論腎病患者的活體檢驗結果，也為腎移植後的病人診治。有次開會時談起醫院重建計劃，腎科醫生知道我正忙於新殮房的設計和規劃，皺皺眉頭，說：「殮房？那是個死人的地方啊。人都死了，有什麼好管的？把器官衰竭的救回來才好。」

彷彿只有拯救生命的，才值得努力。把生命救回來，不就是醫生的工作嗎？不就是醫學院教導、Asclepius的最高精神嗎？他望住我，眼神像問「對不？」他認為我像個精神分裂患者，一方面在移植場上與死神抗戰，把瀕死的病人拉回來；另一方面又站在生命線彼岸，與死亡為伍，迎接病人為他們安排「身後事」。

對他來說，我站在殮房幫助死人，該很不「醫生」吧？可真是「生人勿近」。哪有醫生願意和死亡打交道的？我對他笑一笑，本想告訴他，別給殮房這名字騙了，除了處理遺體，殮房也是關懷生命、支援家屬的地方。移植和殮房的工作一樣，都是對生命的重視，無論病者是生是死，都需要尊嚴，都需要照顧。

但臨牀的工作畢竟太忙了，我無法詳細解釋，也無從說起，只輕輕帶過「殮房也是關心病人和家屬的地方」，就被其他事打斷了。腎科醫生無可無不可的聳聳肩，未能馬上領悟。

也許是「殮房」名字作祟，把這地方說「死」了。「殮房」這名字存在很深的標籤效應。如果要強化它其他角色，看來要先從名字着墨。

將來醫院重建，我想是一個契機，帶出殮房深層的社會意義。

況且重建後的醫院，殮房要搬往較接近民居，必須顧及居民感受。如果殮房仍只是「死亡之地」的話，對居民對殮房發展都不好。

我慶幸遇上持相同抱負的管理層同事和殮房主任，一起把這條改革路動起來。

談起重建，大家都充滿熱誠，參考多份外國殮房的資料和設計，指出多處需要改善的地方，為重建計劃立下方向。

外國殮房已引進具「安慰療效」的環境設計

由於人口老化，死亡人數每年遞增，舊的殮房設計和儲存空間已不合時宜，新殮房需要足夠的遺體儲存空間，也要顧及家屬喪親的情緒需要。外國殮房已引進具「安慰療效」的環境設計（Healing Environment Concept）。這是讓環境直接安慰面對死亡的家屬，提升人的尊嚴，相信將成為日後重建殮房的重要構思。

試想想，如果一間殮房，色調陰沉鬱結，空間不足，經歷喪親之痛的家人連坐下或相擁的位置也沒有，還要在人來人往的走廊上悲哭，這種環境，是無法達致安慰療效的。

怎樣的環境才具「安慰療效」，給人尊嚴？設計上殮房必須「以人為本」，貼心安排不同人的流動路線。殮房內有殮房員工、醫院運送遺體的工作人員、家屬、殯儀館職員和醫生出入，有時還有棺木和醫科生進出，人來人往，如果不好好分開流程，殮房會是一個凌亂而嘈雜的空間，影響親屬宣洩情緒。

新的殮房設計，以紓緩家屬哀傷情緒為主，讓家屬擁有更多私人卻不封閉的空間，親人可彼此相擁支持。殮房雖是醫院一部分，卻需「去機構」化，因「家居式」的佈置和家具較平和溫暖，比硬綳綳「機構式」（institutional）的桌椅更起安撫作用。

由於接近民居，為顧及居民感受，在遺體和靈車出入的地方，必須採取密封式設計，把居民和家屬儘量分隔，這也保障病人和家屬的私隱，減少彼此不必要的滋擾。

大自然具有恬靜的治療作用

死亡是自然的一部分。大自然具有恬靜的治療作用，人憂傷時容易被自然環境感動安慰，綠色平靜人心，面對大自然的變幻，人就容易謙卑，寬容自己的不幸。因此，新的殮房設計，必須融入自然，讓陽光雨水説話，花草樹木傳語。

這説來容易，實行起來卻要小心周詳，因香港寸金尺土，醫院位置往往接近民居，太過開放的殮房設計只會招來市民和病人不安。偌大的落地玻璃當然方便引入陽光親近自然，卻必須平衡周遭環境，以免影響他人，於是在設計上就得花點工夫，譬如將整個遺體的出入程序以密封設計處理，用上單面玻璃窗等，這也保障了病人和家屬的私隱(註)。

此外，重建的殮房也會儘量配合不同宗教需要，如設置安寧室，供祈禱或默哀之用，而另設一間瞻仰室於停屍間外，為某些教徒提供「不經停屍間直接院出」的服務。至於運送遺體的推車，也用了人性化的設計和顏色，減少不安的感覺，隔音玻璃也有助減低儀式帶來的聲浪……

新設計的殮房，引入新概念，以改善殮房環境和服務質素，擺脱冷冰冰白花花又陰鬱的固有形象，讓社會看到符合現代社會需求的殮房。一切的設計，旨在令殮房更貼心、「人性化」，以紓緩家屬哀傷情緒。

殮房，是死後的驛站，人人都要在這稍稍逗留。殮房曾主任收到一名女兒的WhatsApp，分享兩年前她母親在醫院離世，遺體送入殮房時，她哭崩了。兩年後的今天，她正和父親掃墓，回憶起母親，心仍舊痛。

但掃墓的時候，她想起了殮房，想起殮房主任為她母親身後事的安排和幫助，這安慰了她，特地傳WhatsApp感謝曾主任。

在傷痛時候的難得安慰

至愛的親人離世，無論多久痛仍在，殮房卻給她貼心的安慰。只是用心的解釋葬殮程序，敏感關切的眼神，或貼心的安排遺容瞻仰……不會佔用殮房太多的時間，但對家屬來説，在這傷痛時候卻是難得的安慰，叫家屬銘記在心。

註：The University of Nottingham. Environments for care at end of life: evaluation of The King's Fund Enhancing the Healing Environment Programme. http://www.kingsfund.org.uk/sites/files/kf/field/field_gt_document_link/environments-care-end-life-evaluation-ehe-final-report-nottingham-uni-oct10.pdf

這是充滿人情味的「房子」。

殮房，請不要對逝者和家屬冷眼旁觀，請不要退縮，它要在傷痛中表達關愛，體貼死者和家屬的需要。作為人生的「驛站」，它也有該肩負的「生命」的角色。

英國Newham University Hospital 的殮房，有句話很好：

Death leaves a heartache no one can heal.

Love leaves a memory no one can steal.

（死亡，帶來不能治癒的傷痛。

而愛，留下長存的回憶。）

但願我們別把殮房看死了

殮房，其實並不處於偏遠的一隅，就讓它回歸哀傷的心靈，敏感地觸摸傷痛，為社會帶來一份關愛吧。

但願我們別把殮房看死了。這地方，並不如它名字般，全然是死亡。殮房有更深層的社會位置，為什麼還如此「標籤」它呢？該如何稱呼這地方才貼切，才帶出它的另一重角色呢？不叫殮房，叫「安息居」、「惜別間」好嗎？對家屬來說，去殮房辦理身後事，和去「惜別間」的感覺會否截然不同？

讓殮房注入對生命的關懷，別再讓這地方只停留在死亡——別把殮房看「死」了。

附錄：拆解殮房十大迷思

1） 殮房很陰冷，要在停屍間辨認遺體？

這都是傳媒渲染的畫面。其實現代殮房已改善照明，空調也儘量以舒適為上。惟殮房的人流很不穩定，某段時間或有殯儀館、家屬和警方在場，空氣較侷促嘈雜，一些時間又人流稀疏寥寂，就給人陰冷感覺了。

辨認遺體時並不像一些電影或劇集中，家屬走進停屍間，職員打開儲存格直接讓家屬辨認，這除了會令家屬不安外，也侵犯其他死者私穩。因此殮房員工會先將正確的遺體移離停屍間，在另一安靜的空間讓家屬辨認，尊重家屬也尊重其他死者。

2） 殮房臭氣薰天？

殮房按感染風險分為「清潔區」（家屬等候區）和「骯髒區」（解剖室），停屍間按感染風險劃分在兩者中間。

遺體表面有時留有體液和血漬，尿液和糞便滲出的情況也間有發生，產生異味。殮房員工會儘量清理遺體表面，也會定時用漂白水清潔地面和儲存格，而解剖室和停屍間更設有獨立空氣更換系統，保持空氣流動，減少異味。

加上為控制感染，空氣只會由「清潔區」流向「骯髒區」（負壓區），確保異味不會倒流、家屬等候區內的空氣乾淨。臭氣薰天的情況並不存在。

3） 殮房的屍體會被疊起或吊起？

隨着人口老化，香港的死亡人數逐年上升，令殮房存放遺體的空間不敷應用。有見及此，近年公眾殮房和醫院殮房已大幅增加儲存空間，應付需求，令以往殮房「迫爆」的日子大為減少。如果有足夠的儲存格，又何需疊起？醫院亦釐訂指引，聯網間各醫院互相補足，一旦某醫院殮房爆滿，醫院就會通知家人儘快領取遺體，否則遺體有機會轉往其他聯網醫院，以達到一格一屍，毋需「孖鋪」。

只是在一些特殊情況，如冬季流感高峰期，入院和病重的病人增多，殮房也會出現短暫「迫爆」情況。即使儲存格無可奈何要「孖鋪」，也必須按指引把遺體按性別、年齡、體形大小和感染風險分開存放，保障遺體安全。殮房的遺體都有獨立的標籤，平躺在儲存格內，並不如一些恐怖片中吊起。儲存格內平躺的遺體都像安睡在「碌架牀」上，搬移時像拉出抽屜，更方便安全。

過往曾有夫婦相隔幾天離世，兒女請求殮房主任把父母放在同一格「孖鋪」，讓倆人相伴廝守。殮房的儲存格並不容許遺體「孖鋪」，更不容許不同性別的遺體同放一格，該如何回應家屬請求呢？由於殮房仍有空置的儲存格，殮房主任向家屬解釋後，安排並列左右的儲存格，讓夫婦兩人躺在對方旁邊，關上「抽屜」後兩人就像各自睡在相隔不遠的單人牀上，家屬也滿意。

4） 遺體放殮房久了會結冰？

遺體的儲存格，必須保持在低溫攝氏四至六度防止腐化，超出這溫度範圍時會直接警報機電工程部跟進，以確保遺體的狀態。既然溫度為四至六度，遺體是不會結冰的。

只是有一小撮死者，家屬無法短時間內取走遺體，又或由於身分不明無人認領，警方查證身分需時，這些遺體如果長期保存在一至四度也會出現腐化或發霉現象，因此本港少部分殮房會另設負攝氏二十度的「冰格」，低溫冷凍遺體以妥善保存更久時間。

5） 屍體也會流汗、七孔流血嗎？

由於遺體存放在攝氏四至六度的低溫中，遺體移出儲存格後遇上暖空氣，自然會凝結水滴，出現「流汗」情況。而一些水腫的病人，死後皮膚變得脆弱，脫落後皮下的積水會滲出，沾濕衣褲，也是正常現象。

如果離世的病人剛完成食道、上呼吸道等手術，由於遺體平臥關係，加上運送途中的移動，手術後滲出的血水就會經由鼻孔或口角流出。剛完成大腸手術的，血水也可能經肛門滲出。即使病人沒作過手術，如果生前有肺水腫，囤積肺內的液體也可能經氣管、再由口鼻流出，形成口吐白沫或染血分泌液的情況。

對於流汗和「七孔流血」的現象，家屬容易誤解為死者離世後受盡痛苦折磨，因此瞻仰遺容前，殮房員工會儘量揩抹乾淨口鼻滲出的血水，保持死者容顏整潔外，也有助減少家屬的傷痛。

6） 屍體也會發出聲音嗎？

屍體發出聲音，不足為奇。要知道人死後肺部和胃內的氣體會因遺體移動，由氣管或食道竄出，流動的空氣會振動聲帶或咽喉的「懸雍垂」（或「小舌」，俗稱「吊鐘」），發出低迴的「唔——」、或類似漱口或「鼻鼾」聲音，初入殮房工作時，我也曾被這些屍體發出的聲響嚇唬了！

7） 殮房充滿禁忌，解剖前要進行儀式？

殮房的員工工作時都沒有禁忌，解剖前會以專業和尊重的態度對待死者，不會進行什麼儀式，反而來殮房的訪客卻有不少忌諱。記得十多年前「沙士」發生後殮房大裝修，加強解剖室的防感染措施，完工後部門的其他同事都興致勃勃的參觀新改建的解剖室，拍照時卻有人忌憚，生怕照出什麼可怕的影像。結果那天的所有相片當然相安無事。

8） 剖後遺體會支離破碎和毀容？

剖驗遺體，一般只沿頸下、胸膛和腹部的位置下刀，檢驗各器官，也會從後腦處剖開頭顱骨檢查腦袋。除了小部分的器官組織需作詳細病理檢驗外，其餘的都會放回死者體內，再縫合切口。病理科醫生並不會無故毀壞死者面容，更不會令死者支離破碎的。

穿上衣服後瞻仰遺容，由於傷口在後腦處和藏在衣服下，不容易被察覺出來。

9） 解剖室特別陰冷，也陰風陣陣？

解剖室內陰冷和陰風陣陣，大有來頭！

剖驗對體力要求不少，病理科醫生和殮房員工更要穿上厚厚的保護衣和面罩，容易熱和出汗，因此解剖室的氣溫會調校到比周遭略低，工作時才舒適。這是「冷」的原因。

遺體被剖驗時，體內的細菌和病毒會擴散出來，存有感染風險，因此解剖室界定為「骯髒」之地，必須有嚴格的防感染措施。除了在解剖室工作的人需穿上保護裝備外，解剖室設有獨立的通風系統防止感染 —— 室內的空氣有高頻更換率（Air-Exchange Rate），抽走有感染風險的空氣，除可保持空氣潔淨外也令室內維持「負壓」，確保空氣只由外向內流動，令有感染風險的空氣不會由解剖室回流至家屬等候的「乾淨」地方。

解剖室和解剖桌的設計，也令氣流由上向下流動，減少解剖時遺體釋放的細菌病毒迎面撲向工作人員的機會。

試想想，低溫環境，加上空氣流動，由上而下的氣流怎不令頭頂處「陰風陣陣」？

10）殮房只是存放遺體的地方？

殮房除了儲存遺體外，醫院妊娠後的胎盤和手術後的殘肢或器官組織，也會暫時存放在這裏，經核點後交給合資格的承辦商火化處理。

殮房的角色正在轉變，一個現代化的殮房，除了處理遺體和身體組織外，更應尊重死者，讓他們帶着尊嚴離開。除此以外，殮房亦要照顧家屬需要，支援他們辦理身後事，解釋剖驗事宜，安排遺體和死後器官捐贈，也該設有私人的空間供家屬瞻仰遺體，在設計上「以人為本」，提供溫暖的環境，幫助紓緩哀傷情緒。

當然，殮房也是教育的地方，裝備醫科生和社工等，為醫學發展、哀傷輔導和生死教育發揮它真正功能。

殮房在醫療和社會承擔多元角色，試問又怎只是存放遺體的地方呢？

死亡是必然，生命才是奇蹟

嘉薰醫生電郵：drgavinfile@yahoo.com，歡迎聯絡